湖南出版五先生

总策划
彭 玻

主编
张子云

编委
彭兆平 谢清风 杨春丽

民主与建设出版社
·北京·

© 民主与建设出版社，2024

图书在版编目（CIP）数据

湖南出版五先生 / 张子云主编. --北京：民主与建设出版社，2024.1（2024.3重印）

ISBN 978-7-5139-4510-3

Ⅰ.①湖… Ⅱ.①张… Ⅲ.①出版工作者－事迹－湖南－现代 Ⅳ.①K825.42

中国国家版本馆CIP数据核字（2024）第018620号

湖南出版五先生
HUNAN CHUBAN WU XIANSHENG

总 策 划	彭 玻
主　　编	张子云
编　　委	彭兆平　谢清风　杨春丽
责任编辑	谢爱友　彭 现　唐 睿
封面设计	萧睿子
出版发行	民主与建设出版社有限责任公司
电　　话	（010）59417747　59419778
社　　址	北京市海淀区西三环中路10号望海楼E座7层
邮　　编	100142
印　　刷	湖南天闻新华印务有限公司
版　　次	2024年1月第1版
印　　次	2024年3月第2次印刷
开　　本	710毫米×1000毫米　1/16
印　　张	18.5
字　　数	230千字
书　　号	ISBN 978-7-5139-4510-3
定　　价	79.00元

注：如有印、装质量问题，请与出版社联系。

序

◎彭玻

今天,我们正奔赴在中华民族伟大复兴的新征程上。如果说经济强国是民族复兴的底气,那么,文化强国就是民族复兴的真气。所谓真气,就是精神力量的积蓄与凝聚。习近平总书记曾指出:"精神是一个民族赖以长久生存的灵魂,唯有精神上达到一定的高度,这个民族才能在历史的洪流中屹立不倒、奋勇向前。"从这个意义上讲,中国特有的民族精神的传承与弘扬,一定是文化强国的内生力量,也是文化强国的题中之义。

作为文化事业重要组成部分的出版业,在文化选择、知识传播、思想引领等方面,居于重要且核心的地位。与之相应,出版人在其中发挥的助推引领作用不言而喻。如果说出版是帮助人类冲出黑暗与蒙昧的"火把",那么,出版人就是"举着火把跑在前头的人";如果说出版是人类的精神家园,那么,出版人就是搭建精神家园的"灵魂建筑师";如果说出版是造就思想学术精英的文化剧场,那么出版人就是在幕后策划推动的"成就精英的人"。出版人的精神,尤其是作为其中优秀代表的出版家的精神,一直是过去创造中国出版事业辉煌成就的真支柱，也是未来助力出版强国建设的原动力。

20世纪80年代的中国，是中华民族历史上又一个政治包容、思想活跃、文化彰显、百业齐进的时代。其中，出版业尤为引人注目，先后涌现出一大批出版精品、出版创举、出版人物和出版思想。在全国广阔的出版舞台上，活跃着数十支出版队伍，他们个个蓄势待发，个个出手不凡。湖南出版就是其中一支声名远播、"战功"赫赫的出版力量。正所谓"出版多劲旅，无湘不成军"。20世纪80年代的湖南出版人，以敢为人先的勇气、不拘一格的眼光、破旧创新的精神、一往无前的气概，为中国出版贡献了一大批力作，也创下了"出版湘军"的美名。

今天的湖南出版不断转型升级，站位更高远，业务更广泛，格局更开阔，这得益于我国文化改革和出版政策的引领，得益于当代湖南出版人的坚实努力，更得益于湖南老出版人的精神传承与风范滋养。事实上，每一个优秀的当代湖南出版人，都会自觉不自觉地将"出版湘军"的精神谱系回溯到20世纪80年代那批湖南老出版人那里，也会有意无意地将湖南出版的文化道统归属到那批湖南老出版人那里。这批老出版人，是当代湖南出版大展拳脚的"活的灵魂"，也是当代湖南出版汲取智慧的"真的源泉"。

2022年底，我带着出版集团转型升级中的一些困惑和对老出版人的崇敬之心，去看望钟叔河先生，希望在钟先生那里能得到指点或启发。不承想，一向身体健朗的钟老，却病得下不了床，与人交流也有些吃力。我一方面赶紧指示集团相关人员安排钟老尽快就医治疗，另一方面也开始思考湖南出版的精神传承与发展问题。因为，当时已经有好几位湖南老出版人接连因病离世了，其中一些人对于自己数十年出版生涯的经验、理念和思想，都没来得及回顾、总结和表达，他们身上所凝结的弥足珍贵的出版精神财富也随之遗失了。我的内心有一种遗憾之感，一种惋惜之感，更有一种刺痛之感。痛定之后，我开始再三反思：我们是做迟了什么？是忽略了什么？我觉得有一件事要立刻付诸行动了，那就是：尽快组织一支编辑采写队伍，通过访谈、采写、记录的方式去抢救湖南老出版人的记忆。这是一项与时间比拼、与生命赛跑的工作，宜早不宜迟，宜快不宜慢。

经过慎重考虑，我将这个采写湖南老出版人的想法和项目，交到了彭兆平、张子云、谢清风等几位同志手上。他们也极力赞同这项"抢救性"工程，并立即付诸行动。2023年农历正月初八就组织部分编辑人员召开了第一次筹备会，十几天后又扩大规模召开了调度会，将项目的立意和价值做了阐述，将具体的采写任务和时间要求做了说明。之后，这项湖南老出版人采写项目便进入具体的全面实施阶段。经过近一年紧锣密鼓、扎实深入的努力，终于有了拿得出手的文稿和书籍。

阅读这些文字，内心有一种真切的感受，那就是：出版人的品格与追求，决定了出版的品质与成就。那些优秀的湖南老出版人，他们心怀理想、身肩使命，以窃火播光的虔敬与热望，造就了湖南出版的辉煌，推动了湖南出版乃至中国出版的发展进步。他们有着丰富的人生阅历、扎实的专业功底、深厚的文化底蕴，还有着一流的学问与创作。他们视出版为一生志业，是湖南出版发展的重要见证者、亲历者与推动者，是点亮在湖南出版人前行路上的盏盏明灯。他们的名字早已镌刻在湖南出版发展史上。他们中已经故去的有：胡真、黎维新、黄治正、胡昭镕、黄起衰、杨德豫、弘征、杨坚、梁绍辉、胡遐之、郭天民、洪长春、胡本昱、曹先捷、李冰封、刘孝纯、王勉思、骆之恬、李全安等。对于这些已经故去的老出版人相关资料的搜集整理，以及对于目前健在且堪称大家的几位老出版人的访谈记录整理，便构成了湖南老出版人系列首批两部书，即《湖南出版五先生》和《湖南出版十九君》。

这套书融访谈记录、口述历史与传记写作于一体，用文字、音频、视频等多种媒介，记录、保存、传播湖南老出版人的生命故事，展现他们的生命成长、工作经历与心路历程。通过他们亲身策划或主持的重点出版物、重点出版工程、重要出版活动，凸显其作为出版人的理念、情怀、作为，彰显其作为出版人的眼光、才情与境界。

"湖南老出版人故事"项目以及成型的这套书，其历史意义和现实意义都是毋容置疑的。其一，这是对湖南老出版人群像的一次集中展示，是对湖南老出版人独特精神品质的深度刻画，有利于梳理和提炼湖南出版的精神特质与文化脉络。其二，可以为新一代湖南出版人提供融知识、思想、精神、价值观于一体的成长成才教科书，进而有利于建设当代湖南出版业、推进出版强国建设。其三，通过这个项目，可以历练青年编辑队伍，让他们在采写、搜集、整理、撰写老出版人的故事中，感悟并提升自身的专业水准和职业境界。

这套书在内容上体现出鲜明的聚焦性，即聚焦于"出版"和"人"。聚焦于"出版"是指，重点凸显人物个体在出版经历、出版活动、出版业绩、出版思想方面的故事，通过对个体叙述细节的深入挖掘与生命故事的生动呈现，展现那些流动着热血、饱含着激情的人的心路历程，展现他们在出版专业、出版事业方面的理念、思考、追求与作为。聚焦于"人"是指，对人物的撰写并非冷冰冰的生平概述，也并非简单停留在对事件的记述上，而是通过叙事来着力体现各种选择、各种行为背后的"人"的生命情感与精神追求。就是说，既有故事的现场感，又有人物的生命感。

这套书在形式上体现出出版的融合性。在项目具体实施过程中,大家秉承融合出版理念,创新出版形态,运用、收集文字、图片、音频、视频及影印件等资料,以纸质书本、人物访谈短视频、人物故事长视频、人物专题视频等多维度立体化呈现,给湖南出版、中国出版留下珍贵的史料,给读者带来生动鲜活、有声有色的阅读体验。

这套书在未来走向上体现出明确的开放性。这主要是就湖南老出版人的选择范围和对象而言的。由于具有影响力和值得书写的湖南出版人物数量较多,他们每个人的出版故事都丰富多彩,不是一两本书可以容纳的。因此,本项目不是一次性工作,而是延续性工程;本套书也不限于目前成型的两本,而是未来将生成出来的十几本乃至几十本。我们首批选择的主要是业界影响大、年岁长且健在的五位著名湖南老出版人,以及十九位作出过重要贡献、产生过重大影响的已故湖南老出版人。后续,本系列书将从选题策划、编校、装帧设计、印制、发行、管理等出版的不同领域和维度,从老、中、青等不同年龄层次,遴选出版人物,叙述其故事,呈现其业绩,发扬其精神。我们相信,随着本系列书的一本本推出,湖南出版人物的一位位亮相,整个湖南出版业也必将一步步出彩。

那么,具体而言,湖南老出版人的精神究竟是什么?新一代湖南出版人继承和发扬的出版道统何在?

已故湖南省出版局老局长胡真先生曾在《我的出版观》一书中说:"一个好的出版工作者,要熟悉自己的业务,善于思考问题……要有创新精神……要能独出心裁,自辟蹊径,自成一家,要能创造出自己的特色来。"钟叔河先生也在一篇自述中说:"当编辑也好,写文章也好,总得对社会关心,对人文有兴趣,那就得有一点自己的精神,有一点自己的想法。"由此,我们大致可以窥见湖南老出版人的精神特质,那就是在坚定的理想信念和自觉的社会担当之外，尤为突出的是文化见识、出版勇气、工匠品格和创新意识。

如果没有宏大的文化见识，就不会有万众瞩目的《走向世界丛书》和好评如潮的《诗苑译林》《散文译丛》；如果没有强烈的出版勇气，就不会有引起国际关注的新编《曾国藩全集》和影响颇大的周作人文集系列；如果没有突出的工匠品格，就不会有被称赞"可以传世"的、高质量的《船山全书》；如果没有鲜明的创新意识，就不会有屡获大奖的《第一推动丛书》和影响广泛的《世界著名学府》丛书。当然，湖南老出版人的精神特质不止于此。朱正先生的"正误与求真"，唐俊荣先生的"担当与宽厚"，唐浩明先生的"静气与远虑"，蔡皋先生的"本真与纯粹"，都是湖南老出版人精神财富中闪亮的金子。

另外，这些湖南老出版人还用他们真实的人生经历，映照出了编辑出版职业所能承载的更大可能性。作为出版人，他们在工作中并不止于策划、编校、出版的层面，也不止于做一个优秀的"幕后工作者"和"文化中介"，他们常常基于自身深厚的文化学养和出色的专业水平，以作家、学者、诗人、翻译家、艺术家等身份，走向学术文化创造的前沿阵地，积极参与、助推甚至引领学术思想发展和社会文化潮流。如此，出版人便可在社会文化发展中承担更多责任，肩负更大使命。从这个意义上讲，湖南老出版人和近现代以来的很多编辑出版家，如邹韬奋、冯雪峰、周振甫等人，是站在同一梯队、同一阵营的。

今天的文化界和出版界常常谈到一个词，即"品牌"。形成品牌，是出版业的追求，更是文化产品的追求。而真正的品牌往往是不可复制的。20世纪80年代的湖南老出版人及其出版成果，是湖南出版界的品牌。那种"出版群星闪耀时"的灿烂固然不可复制，承载那片星空的历史时代也是不可复制的。

今天的时代，已经不是当年的时代；今天的出版业态也不是当年的出版业态。融媒体化、多元化，是当前乃至未来出版的发展方向，在这种状况下，我们学习湖南老出版人的出版经验和出版精神，就不是"为学习而学习"，而是要通过阅读与学习，实现老出版人精神与当下问题意识之间的有效对话，进而以当代立场理解过去芳华，以今日担当对接往日使命，以后辈作为承袭前辈风范。

那么，要真正从历史深邃处，从人生细节处，从现实需要处，从生命成长处，切实了解和领悟湖南老出版人的精神，最好还是从翻开和阅读《湖南出版五先生》《湖南出版十九君》开始。

目 录

锺叔河
万卷纵观当具眼　001
执笔人——谢琰

朱　正
心中自有本业　063
执笔人——佘孟孟

唐俊荣
为书业的一生　107
执笔人——杨志平　杨鸿燕

唐浩明
大编辑的修炼与境界　167
执笔人——佘孟孟

蔡　皋
问津桃花源　225
执笔人——郑艳

锺叔河

万卷纵观当具眼

执笔人——谢 琰

钟叔河

钟叔河一生跌宕起伏,"半路出家"成为湖南人民出版社的一名图书编辑,一出手就是大作和精品,堪称我国出版界难以逾越的高峰。钟叔河的名字也因此被镌刻在中国出版史上。

他的人生经历不可复制。

钟叔河经历战乱,后被错划右派,经历坎坷。但无论身处何种困厄的境地,他都读书不止、笔耕不辍。他未曾放弃人生,也从未停止对祖国命运和人类前途的追寻,所以才能刚做出版便"走向世界"。他的出版生涯不长,49岁才开始当编辑,58岁便离岗。九年的时间,用他自己的话说,只做了三件事情:一是努力使新编《曾国藩全集》列入了国家古籍整理出版规划并组织执行；二是编出了《走向世界丛书》；三是在新中国第一个系统地校订出版了周作人的作品。这三件事情，事事艰难，件件震撼。

他的编辑成就毋庸置疑。

钟叔河主持出版这几套书在当时都是标志性事件。如《走向世界丛书》除了自身的学术价值，其出版还及时地配合了中国当时正在进行的改革开放事业。这套书不仅在出版界意义非凡，而且在文化、历史等多个领域都产生了巨大影响，被奉为现代化的启蒙读物。

作为编辑，钟叔河总能"化腐朽为神奇"，赋予旧材料以新生命。这体现的正是一名编辑应该具备的视野、眼光和素养。并且，他的工作范围不局限于选题、编校、宣传、发行等，也观照到出版与社会、历史和未来的联结。他参与图书的编纂、辑佚、标点、校订、索引，设计版式、考虑装帧，编辑工作的每个环节都亲力亲为。他为《走向世界丛书》中每种书撰写的长篇叙论，更展示了他的深厚学养、锐利目光。

他的出版地位无可撼动。

钟叔河做的这三件事开辟了出版新气象，在国内和国际上都产生了很大的影响。钟叔河在湖南出版界，乃至中国出版界先行者的地位也由此奠定。

先行者，必然具有敢为人先的胆识，还有光明洞达的眼光。钱锺书曾评价钟叔河"眼光普照""卓识明见"。钟叔河也说"于冥冥长夜中知道自己还有一双看得出好坏的眼睛"。看得出好坏，不只是编辑对文字、作品的判断，更根本的是他对世界大势有清晰而深刻的认知，故而能开风气之先，显文人之魄。周作人在给钟叔河的寄语中借用古人诗句写下"万卷纵观当具眼"，这句话用在钟叔河身上甚为贴切。

在2022年度"刀锋图书奖"发布盛典上,锺叔河被授予最重磅的"年度致敬"奖项。颁奖词这样写道:

他是上世纪最杰出的出版家之一。虽然前半生历经磨砺,49岁才"半路出家"从事图书出版,但他厚积薄发,凭借过人的智慧和胆识,陆续策划并出版《走向世界丛书》《曾国藩全集》《周作人散文全集》等大型系列图书,影响了一代国人。在他看来,"走向世界"是全世界所有人面临的共同课题,走向世界的过程就是人类追求进步的过程,永远不会结束。他还是笔耕不辍的学者和散文家,在92岁之龄出版涵盖他所有著述作品、共320余万字的《锺叔河集》,堪称编辑典范、学者楷模。93岁的他,如今因病困在斗室中,虽然身体冲不破禁锢,但他始终保有清醒的头脑和自由的灵魂。

1946年,读初二的锺叔河用文言文写了一卷41则笔记体短文的《蛛窗述闻》。有一则跋语写道:"曰,一法立,一弊生。古语信不诬矣。然则今日社会背幕之黑暗若是者,其来有自。"当时的少年,心中已怀有对社会发展的关切和忧思。在后来跌宕起伏的人生路上,他的追求始终如一,即独立自由地生活、不随大流地思考。回望来时路,锺叔河说:"我读书时虽爱读文章,爱写文章,但不曾想过以文字为业,不料一生沉浮皆在此中。"

那个举着火把跑在前头的人

1931年11月19日,农历十月初十,钟叔河出生于长沙一个退休教师之家,父亲的老家在平江西乡神鼎山。关于平江,他还记得母亲教过自己一首童谣:"平江出人了不得,余蛮子带兵打外国。李次青,张岳龄,七篇文字钟昌勤……"母亲说:"平江出人,做文章的有钟昌勤,你也姓钟,要争气啊!"

钟叔河出生时,父亲钟昌言已经快60岁。钟昌言曾应科举考试成为一名佾生,俗称"半个秀才"。旋即改从新学,考入梁启超主讲的时务学堂,是第二班的外课(走读)生。钟叔河的记忆中,父亲很少陪伴他,只是一位好脾气的老先生。但他能感觉到父亲是很喜欢他的。

钟叔河说:"父亲最大的好处是允许我乱看书,不干涉我看什么书,这是我很感激他的一件事情。"他还记得,父亲曾写信教他:"人不可不立志。我碌碌无为,比同学少年,武如蔡艮寅(锷),文如范源濂,做学问如杨树达,搞政法如章士钊,都不啻云泥。此固由于资质有差别,境遇有不同,最重要的还是自己不发愤。汝当以我为戒,立志做一门学问。即使只做出点点成绩,也比耍嘴皮子、扎花架子有意义,庶不致庸庸碌碌虚度一生。"

母亲喻淑贤是父亲的第三任妻子,比父亲小了20多岁,出身农家,没有读过书。这在同父亲住长沙时不是问题,但在平江老家,个个门当户对、年纪比她还大的侄媳妇就看不起她了。母亲心有委屈,总是一脸严肃,对他管教极严。钟叔河还有两个姐姐一个哥哥,都乖巧听话、读书用功,又都入校读书了。尚在母亲身边的钟叔河从小顽皮,喜欢跑到外面同野孩子们捉蚱蜢、蟋蟀，玩泥巴，经常弄脏衣服，在老家的大屋场里还不时闯祸，为此母亲经常打骂他。

钟叔河对母亲的感情是复杂的。他从小怕母亲，觉得她偏爱听话的哥哥姐姐，由此养成了不愿听话、喜欢反抗的性格。"这影响了我的一生。"耄耋之年的钟叔河聊起母亲时，竟然数次哽咽，他说："这其实只能够怪我自己，怪我太幼稚，太不理解母亲的压抑和委屈。最不该的是我当时还怪母亲，甚至怨恨她、躲避她，我真是个不孝之子啊！"

在父亲的熏陶和母亲的严格要求下，五六岁时，钟叔河开始喜欢上读书。那时已经有译出的外国童话《列那狐的故事》《爱丽丝漫游奇境记》。至今，钟叔河都还记得那穿着长袍、长着两只尖尖长长毛耳朵的列那狐，在教小兔子学生朗诵"克里独"（Credo，信条的意思）时，却伸出爪子抓住了肥肥的兔子的咽喉。钟叔河经常和邻家小女孩仿照书中情节做游戏，抓颈根，一个尖叫，一个哈哈大笑。在饱尝人世苦辛后，每当忆及这儿时的欢乐，钟叔河的脸上仍不禁泛起微笑。他说，是列那狐引发了他对书的强烈兴趣，从此把他带进了书的森林、书的世界。

1937年，抗日战争全面爆发，本该上小学的钟叔河和母亲一起回到平江老家，父亲仍然留住长沙。战时生活无法安定，钟叔河几乎没念小学，初中也是一边逃难一边念的。学业断断续续，幸而有书相伴。老家有很多祖上留下的古旧书，钟叔河喜欢爬上尘封已久的楼房随手翻阅，《史记》《左传》……这些书起初很难看懂，后来找到一部《阅微草堂笔记》，很多字不认得，很多词看不懂，但他硬着头皮看，慢慢也就认得了、懂得了，终于把它看完了。后来，他还模仿着写了一卷《蛛窗述闻》，原稿还在，2016年海豚出版社将它影印出版了。

在平江，钟叔河几乎把老宅里木刻、石印的古旧小说都看完了，又看了堂叔、堂哥们留下的和自己哥哥姐姐寒暑假带回的课本，里面有很多白话文章。叶圣陶的《藕与莼菜》，朱自清的《荷塘月色》《匆匆》，周作人的《卖汽水的人》《故乡的野菜》《金鱼》……这些文章带给他很新鲜的感受。那时的锺叔河就开始喜欢周作人的文章，说周作人的文章"看起来是平淡的，却有着更深的意思；去解读这个更深的意思，就给了我的好奇心广阔的空间。我后来有一点写作能力，就是从看这些文章得来的"。

读高小和初中时，锺叔河的语文、地理、历史成绩不错，有位地理老师原是在北京读书的大学生，抗日战争全面爆发后暂时回乡教书。锺叔河很喜欢这位地理老师，这位老师带领孩子们用白纸板测试塘坝中水的透明度，这其实远超小学课程的内容。初中时，偶尔回乡的父亲曾几次来学校看他，带他游平江各处风景，教他赏秀野风光，玩碧潭秋月，看"开花一条线"的板栗树……这些都深深地印刻进他的心里，由此也养成他对天地自然的爱好。所以，那时的锺叔河一心想当植物学家，想了解树木的生活。然而，很多叠合的偶然，改变了他后来的人生道路。

有一次，锺叔河读到一本亚东图书馆新印的《儒林外史》，不忍释卷。多年后，他仍然保持着对《儒林外史》的喜爱，说它"是一面镜子，照得出衣冠虽有不同，精神却还仿佛的中国读书人，也有助于认识自己"。锺叔河说，现代读书人要摆脱旧时读书人的影子，既要融入现代社会，更要保持独立的人格，要有宽广的精神世界。如闻一多《静夜》一诗所言："我的世界还有更辽阔的边境。"

抗战胜利后，锺叔河回到长沙读高中，"乡里孩子进了城，目迷五色，一下子见到那么多书，读都读不赢"。锺叔河最喜欢读陀思妥耶夫斯基、巴尔扎克、狄更斯、克鲁泡特金等人的作品。这些书滋养了这个战乱时代的少年，他沉醉于书中世界，思想也在自由生长。导演彭小莲和编剧汪剑在合著的《编辑锺叔河——纸上的纪录片》一书里，曾提出他们心中的困惑：一个从小自顾自地看笔记小说，跟大家一样读《三国演义》《水浒传》的孩子，为什么会在成千上万的人迈着整齐的步伐，向着同一个方向前进的时候，仍然保持着自己的思考，终生追求"情理"与"常识"，始终知道自己该走向哪里呢？或许，在锺叔河读过的这些书中可以找到答案。

1947年，锺叔河进了他父亲的同学曹典球当校长的文艺中学。时局依然动荡，锺叔河开始思考，究竟什么才是理想的世界和人生。他的阅读兴趣逐渐转向社会科学。他特别喜欢克鲁泡特金的《我的自传》和《互助论：进化的一个要素》。这些书让他的眼界大开，而《我的自传》中呈现的有理想、有道德的革命家形象令他深感敬佩。他不再满足于眼前平静的书桌，而是渴望成为一名高呼"民主自由"口号的罢课游行积极分子。

学生运动越来越激烈。一次发生冲突时，冲在前面的锺叔河的头被打破（至今右眼眉棱骨还留有疤痕），被送进医院。年逾七旬的父亲匆匆赶到医院看他，在床边坐下后，用长沙话讲了一句"打成咯样子了"，便哭出了声。多年后，锺叔河回忆父亲时写道，和他同活在世上的35年中，只见他哭过这一回，"直到如今，每当想起父亲时，浮现在我面前的，还是老人家的一双泪眼"。

1949年，正在读高二的锺叔河因为喜欢写信交友，认识了周南女子中学的尚久骖，两人的通信频率几乎是每天一封。锺叔河晚年时回忆那段时光，说"除了上课、看书、游行、喊口号，许多时间用在看信和写信上，写时还带着17岁少年的感伤"。当然，那时他还在读书，读施托姆的《茵梦湖》，并记住了书中的句子："我们的青春就留在青山的那一边，可现在它到哪儿去了呢？……"30多年后，锺叔河在孤独和苦闷中，还曾写诗追忆那段往事："记得青山那一边，年华十七正翩翩。多情书本花间读，茵梦余哀已卅年。"

锺叔河自己也没想到，这段经历直接颠覆了他的命运。他原本要去考大学的，却高中未读完便去参加报社的招考，懵懵懂懂中从追求科学转向了文字工作。"我考新闻干部训练班纯粹出于偶然，那时我才18岁，正是青春期，有一个女孩子（指尚久骖），我对她有好感，她要考新干班，我便跟着她去考。"

由于锺叔河的文字不错，被录取后没有参加学习训练，就被当时新湖南报社的社长李锐和总编辑朱九思看中，要他立刻去报社报到。等他从外地采访回来，却发现尚久骖没来报到，原来她留学法国的父亲希望女儿把学业完成。不久，尚久骖去了新疆，且永远地留在了那里。就这样，这份单纯而美好的感情便无疾而终了。后来，锺叔河在报社认识了女记者朱纯。两年后，21岁的锺叔河和23岁的朱纯结婚。

刚刚工作的锺叔河像所有的年轻人一样，对未来充满期待。国家百废待兴，锺叔河觉得自己也要以全新的姿态面对翻天覆地的变化。然而，很多人的生活渐渐被"斗争""革命""批判旧思想"占据了。李锐和朱九思不久后被调离新湖南报社。他们一走，报社变化很大。锺叔河开始受批评，说他"傲上""目无领导"。听到有人说他们的报纸是"布告牌""留声机"，锺叔河心里很不是滋味。

1955年，锺叔河在"反胡风运动"中说："我一点也不喜欢胡风，但觉得他并不是也不可能是反革命。"因此，锺叔河成了"肃反"对象。锺叔河觉得自己说的话有道理，不认错。他还说："报纸上不说一点真实的话，报纸、新闻还有什么意义？"于是，到了1957年，锺叔河又成了报上公开点名的右派分子。为什么会被划为右派？到底错在哪里？

1952年，锺叔河（后排右二）和父母、哥哥及两位姐姐的合影

当时的报社领导出示了大沓打印材料，是检举揭发锺叔河的上百条右派言论。锺叔河觉得这些材料有的确实是自己说过的，有的则有歪曲夸大，有的则是无中生有。

不管当年的思考是否成熟，锺叔河始终在发出自己的声音。锺叔河在报社结交的好朋友朱正曾说，他感动于锺叔河的坚持。阿拉贡的《法兰西晨号》开头两行诗的大意是："如果我能够重新生活一次，我将依然走这一条道路。"在这一点上，朱正认为锺叔河和阿拉贡一样，"深信自己所走的道路并没有错，即使必须为此付出代价也在所不惜。他明白，他从来也不曾反党反社会主义，从来也不是人民的敌人。至于说，为了探求真理而不得不承担苦难，那么，他不但不是最初的一人，而且也将不是最后的一人"。

对于自己被划为右派，锺叔河一开始是想不通的："解放前，我是个坚决反对国民党反动统治的革命青年，怎么会成为'反革命右派'了呢？"带着这个问题，锺叔河在劳动之余总是会找时间读书。他后来在回忆那段经历时写道："一九五七年后，力佣为生，引车夜归，闭门寂坐，反得专心读书……"

被划为右派后，锺叔河和朱纯申请回家自谋生活。他开始拉板车，通过体力劳动养家糊口。后来他还帮学校刻钢板、绘制教学挂图、做教学模型，甚至学会了机械设计制图，而朱纯学会了制作翻砂木模。不论做什么事情，他和朱纯都认真细致。当时有规定，街道工厂的技工最多不能超过六级，而朱纯成了五级木模工，锺叔河成了六级划线（绘图）工。

锺叔河觉得自己逐渐适应了此时的生活。他和朱纯互相鼓励，"饭还是要吃的，书还是要读的，要我们死是不得死的"。眼看着他们终于可以在艰难的日子里自给自足，没想到，1970年锺叔河被下放到茶陵洣江农场劳动。同去的，还有朱正和俞润泉。

朱正至今还记得，锺叔河陪他去派出所迁户口。排在前面的朱正轻轻念了一句"心悲动我神，弃置莫复陈"。那是《赠白马王彪》中的诗句，是陈思王曹植与白马王曹彪被兄长曹丕强迫分离时宽慰对方的话。锺叔河小声背诵出下一句，"丈夫志四海，万里犹比邻"。长长的队伍中，他们不敢说话，谁也不看对方，但都已泪流满面。

锺叔河有设计绘图技术，被派到了工业队，做一些绘图、描图、晒图工作，还兼"搞宣传"。他喜欢"搞宣传"，因为可以看到有限的书报。干部、职工的图书室有不少好书，包括《二十四史》《资治通鉴》等。看管图书室的是位年轻工人，出于同情，他经常拿一些书给锺叔河看。

于是，锺叔河通读了《二十四史》《资治通鉴》。他越来越把阅读兴趣集中于历史，希望从历史中找到现实的答案。对于这段经历，锺叔河说："我捡了一个'便宜'，从1957年到1979年，这20多年中，我无须遵功令作文、按模式思想，而尽可以在劳动的余暇'自由'地考虑中国的过去和未来，有时也能搜集和整理一些材料。"另外，让他感到慰藉的是，有时可以见到朱正，他们悄悄地探讨中国历史和现状中的问题，认为中国必须摒弃封闭、落后的传统，应该与世界文明同步。

1976年，一个时代终于结束。这年11月，锺叔河交了一封申诉书，申诉书的最后一句是："我所要求的并不是怜悯，我所要求的不过是（而且仅仅是）公正。"此后，锺叔河每年都写一封申诉书。1979年3月，锺叔河获得自由。

锺叔河的二女儿锺亭亭来接他。从茶陵回到长沙，在火车站，锺亭亭听到有人喊她，还看到人群中有两只高高举起的手，一只是朱纯的，一只是朱正的。她说："朱正叔叔踮着脚，伸着手，很高，这样子喊。这是我永远都记得的一幕。我爸爸的亲哥哥都没有去接，反而是朱正

1979年3月，锺叔河（左二）与朱正（左三）、张志浩（左一）重聚

锺叔河回家后与妻子朱纯、女儿们游公园

叔叔去了。"

1979年9月，锺叔河终于得到平反。此时的他已近50岁，他不想回报社做文字工作，本想凭机械制图的本事，去机械工业厅当一名工程师，但厅里的领导却要他去秘书科做"笔杆子"，他苦笑着拒绝了。后来，在朱正的推荐下，锺叔河进入湖南人民出版社当了一名编辑。

至今，锺叔河仍记得自己高小毕业时读过的一首《送别辞》：

你们，像刚下水的船，
我祝你们破浪乘风而去。
不希望你们平平安安地走，
因为越平安，也就越无兴趣。
没有风，怎显得你能镇定，
没有浪，怎显得你能驾驭。
即使不幸沉没了，
那也无须恐惧。
因为后来还有更多的船，
它们将要走你走过的路。

锺叔河的人生道路，正如这首诗中所写的那样，遭遇过不少大风大浪。但是，锺叔河没有抱怨，反而认为是坎坷的经历成全了他。不论处于何种境地，他都无所畏惧，心中总能生出一份热爱，对阅读，对生活，对岁月。就像汪剑说的，每个人都会遇到黑暗，陷入谷底，"锺叔河是那个举着火把跑在前头的人"。

面对未来,而不是面向过去

1979年,钟叔河一到湖南人民出版社,便开始策划出版《走向世界丛书》。他说:"我进出版社,就是为了编这套丛书。"

这年冬天,钟叔河踩着残雪去北京图书馆寻找晚清外交官张德彝8部《述奇》的未刊稿。张德彝一生8次出国,每次都留下一部日记体裁的见闻录。那时的图书馆,找书唯一的线索是索引卡,翻得晕头转向却一无所获是常有的事。钟叔河在北京图书馆仔细寻找多日未果。一位在图书馆工作的老先生——西南联大毕业的馆员张玄浩留意到钟叔河寻找索引卡时的专注、认真,听他诉说了出版《走向世界丛书》的想法后热情相助,给他画了路线图,让他去某处门外没有挂牌的书库寻找,又怕他找不到,随后骑着自行车赶来协助。终于,他们在偏僻的戏楼胡同内柏林寺中找到了78本线装的《述奇》原稿,其中包括最有价值的《三述奇》。撰写《三述奇》时正值普法战争与巴黎公社革命时期,张德彝亲历了这场翻天覆地的大事变,逐日记载下在巴黎、凡尔赛等处的见闻,留下很多珍贵的史料。

"《走向世界丛书》里有些书,是我在小学、初中阶段时就看过的。最早的一本是《万有文库》中容闳的《西学东渐记》。我父亲是梁启超的学生,家里有梁启超的《新大陆游记》和康有为的《欧洲十一国游记》,接着我也看了。"钟叔河很早就喜欢读前人的游记和笔记。进入新湖南报工作后,他常和朱正到旧书店找书,碰到这类书总设法买下来。后来被划为右派,他仍和李长恭等友人在旧书店和故纸堆中"寻觅过中国人最早走向世界的信息"。《走向世界丛书》的凡例第一条作出说明,丛书

1979年，进入湖南人民出版社工作的锺叔河

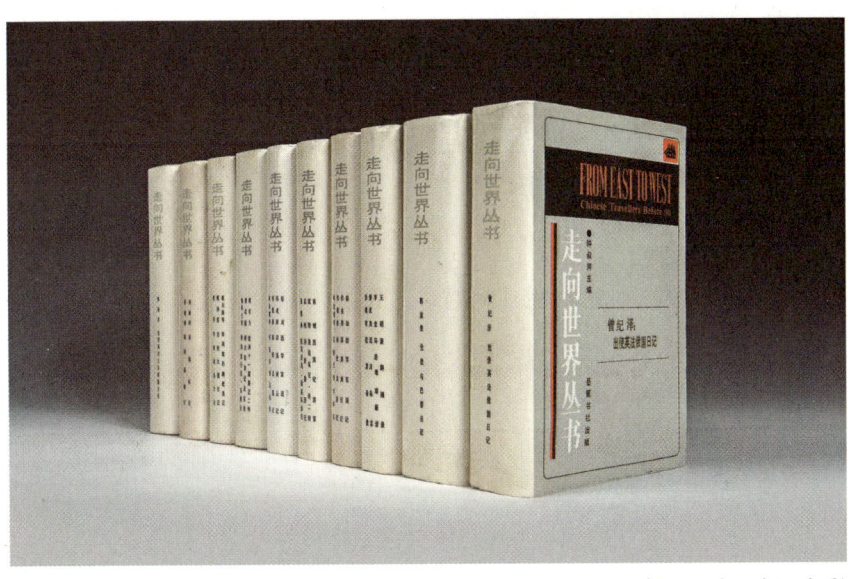

《走向世界丛书》书影

专收一九一一年前中国人访问西方国家的载记。明治维新后的日本也放在西方国家的范围之内。为此，锺叔河前后浏览过200多种原作，大都是从未读过的木刻本、石印本和抄本，遴选出具有代表性的100种，包括清政府派出的外交使节郭嵩焘、李鸿章、曾纪泽，考察外国国情的大臣载泽、戴鸿慈，自发前往游历的知识分子、实业家和其他个人如康有为、梁启超、王韬、罗森等人的记录。

这些记录从不同侧面反映了19世纪中国由闭关自守到逐步开放的历史。比如，单士厘（钱三强的伯母，第一位写出国旅行记的中国妇女）的《归潜记》，是中国第一本系统介绍希腊、罗马神话的著作。黎庶昌的《西洋杂志》，详细描写了其见到的19世纪西班牙、英国、法国人民的生活。还有1876年清朝驻英副使刘锡鸿到伦敦两个月后，在《英轺私记》中写道（以下均为锺叔河的"今译"）："人民和政府之间比较融洽，法律并不暴虐残酷，人们的性情也很诚恳直率。两个月来，我出门的次数很多，见到居民的表情都很安详快乐。可见这个国家不仅仅是富足和强大而已，我们不应该再将其视同过去的匈奴、回纥了。"郭嵩焘也在日记中说："现在完全变了，西方人已经不是'夷狄'，而是朋友和老师了。"

锺叔河刚提出这一出版计划时，遭到了大家的质疑，认为重印旧书没什么意义，实在要印，可以先印三四种看看读者和市场的反应。锺叔河坚持认为："这些书拆开来一本一本地看，有些并不怎么精彩，史料既不多，思想也浅陋，但如果把这些晚清出国笔记尽可能完全地收集到丛书中，就有它独特的价值了。"后来的反响也证明，这些书很受读者欢迎，其史料也许并不全面，也少有高深的思想，但整体观照，却是一幅中国人睁眼看世界的群像。

锺叔河策划出版这样一套书，其实有着多方面的考虑。他和朱正多次探讨过他们的遭遇及其原因。他们关心中国的发展走向，认为现代中国的根本问题在于保守落后，没有与世界文明发展同步。20世纪80年代初，封闭多年的中国终于开始改革开放。锺叔河敏锐地察觉到时代的变化，感受到被禁锢太久的人们急切地希望打开一扇探索世界的大门。他希望更多读者能从这套书中得到启迪。正如他为《走向世界丛书》作总序时写的："今日之中国，已经以新的面貌，屹立在世界的东方。但是，世界的进步越来越快，中国的经济和文化等许多方面还需要不断地发展和提高。这就必须继续打开眼界、走向世界。"

1980年8月，丛书的第一种《环游地球新录》出版，之后平均一个月出版一种（包括一篇万字叙论在内，这是很大的工作量），3年后出齐了第一辑36种，1986年印行了这36种的10卷合订本，影响巨大。其实，依照当时的规定，出版社每个编辑一年只有4个书号的指标，但锺叔河想办法把自己3年的书号集中起来，一年得以发稿付印12本。

出版节奏如此之快，且每本书的校点、审稿和编务工作繁重，锺叔河每天都处于连轴转的状态，但他并不觉得累，因为自己喜欢，也因为他知道要把握时机。当时，改革开放为社会生活释放出很大的空间，国内秩序逐渐恢复，人们对书籍等文化载体的需求猛烈增长，但出版物十分匮乏。新变化激发了中国知识分子的责任与担当，学界与出版界都急于发出自己的声音，因而造就了出版的"黄金时代"。《走向世界丛书》的出版恰逢其时，迅速获得广泛声誉，堪称我国20世纪80年代的出版奇观。

那个年代，《走向世界丛书》的出版还面临着其他困难。没有电脑、复印机、扫描仪，每种书得先请人抄录，然后亲自校对、标点分段、编制索引、作出注释、还原译名，从发稿到付印，在前3年中，锺叔河完全以一己之力进行。1982年春节后，社里给他安排了助手杨向群，

钱锺书《〈走向世界〉序》手迹

在此后几年中帮他做了不少事。他原来在报社工作，只写稿改稿，这时得从零开始学习图书编辑案头工作，如开本选择、版式处理、字体字号确定、校样修改程序、校对符号用法等。他请来一位熟悉业务的同事坐在旁边指导，一个上午便全都学会了。

钟叔河显现了常人无法想象的能量。时任国务院古籍整理出版规划小组组长的李一氓不仅称赞这是他近年来所见古文献整理工作中最富有思想性、科学性和创造性的一套丛书，而且还高度赞誉"叔河同志在主编此丛书时，用力既勤且精……凡重要段落都在书页旁加注要点，每种书后都增附'人名索引'和'译名简释'。对原书人名、地名的异译，都加注原文和今译。这都是费力麻烦的事"。

因原书是文言体，为了方便读者理解，钟叔河还在每种书前写了很长的叙论，介绍作者的基本情况、当时的背景、所记载的事物及其意义等。这些叙论短的七八千字，长的两三万字，淋漓尽致地展现了钟叔河深厚的史学功底和独到的眼光，其中有数篇在《历史研究》期刊全文发表，如一篇介绍郭嵩焘的《伦敦与巴黎日记》长达四万字，也是全文刊载。

"为《走向世界丛书》写叙论不是我要出名，而是不能不写。"钟叔河特别强调。他在回忆这段出版经历时也曾谈到，出版社原是不赞成编辑"搭便车"在自己负责发稿的图书上发表署名文章的，"没有这样的规定"，但当时找不到合适的人写。钟叔河想出的对策是不署本名，只署"谷及世"（"古籍室"谐音）、"金又可"（"钟叔河"各取半边）、"何守中"（"钟叔河"倒着念）之类的名字。幸而有钟叔河的机智和坚持，才吸引更多读者读这些书，也才让更多读者关注并深入了解到这套书的价值。

丛书出版后，《人民日报》很快发表了书评，当时已在北京有关

1986年4月14日 星期一 第五版

《〈走向世界丛书〉叙论集》序言

李一氓

中国自成为一个国家以来，就朝代而论，只有汉唐两代最为开放、最具有世界性，对自己国家、民族的力量，充满自信，不搞锁国主义。所以"汉"作为我们民族的族称，而"唐"亦为汉族之异名，直到现在。其他的朝代，如宋、明、清则自己把自己封闭起来，出息不大。明代初年，"三宝太监下西洋"，不论其动机如何，总还算是从海洋走出了中国的大门，显示了当时造船航海技术上的成就。可是在炫耀了一阵"威风"之后，就复归沉寂了。至于其他朝代，三国、晋、南北朝、元，则另是一种情况，为自身的纷乱所困扰，就说不上什么开放或封闭了。史书著录了汉代张骞、班超等人远至异域的见闻，唐玄奘游学印度等地之后写了《大唐西域记》，明代随郑和下西洋的马欢写了《瀛涯胜览》，费信写了《星槎胜览》，巩珍写了《西洋蕃国志》。他们的记载，使中国人大开眼界，知道除了长安、洛阳、北京以外，还有一个广阔的世界。

可惜这些前人的少数著作和活动，没有能够激发起后代中国人追求这个事业的勇气和胆量。同时，一些眼光短浅的封建统治者也把出海出边境为行的事，发布禁令，设置种种障碍，以致象徐霞客这类伟大的旅行家，也只能在云南境内尽难地转来转去。这种情形，在清代更甚。特别是鸦片战争后，那些"咦夷"、"红毛"、"罗刹"已经以产业革命后资本主义列强的面貌出现在我们的周围，对我实行炮舰政策，而我仍然自居为天朝上国，把他们视同匈奴、吐蕃、契丹、鲜卑……一样，到十九世纪中叶以后，只好被动挨打，落得个赔款割地的下场。闭关锁国之祸，至此而极。

清代后期，不得不打开大门，接触西方世界。一批政府派出的外交使节，如志刚、郭嵩焘、聂庭昌、曾纪泽、薛福成等，一批考察外国政治、法律的专使，如戴鸿慈、载泽等，一批政治流亡人士和旅行家，如王韬、康有为、梁启超，都先后到了西欧各国和美洲各国，也包括日本。他们在接触到轮船、火车、机械之外，还看见了巴力门（国会）、鲁哇故宫（卢浮宫）、单纯（跳舞）……。虽然这批人多数是洋务派——从由"夷务"到办"洋务"也是一个困难的过程——，少数是改良主义者，但都多多少少意识到中国之所以积弱之故。西欧不仅有奇技淫巧，而且还别有立国之道。解放了的巴黎巴士底狱和放在纽约港前的自由神，不能不在他们的思想上引起震动。虽然"天朝上国"的朗魂不散，承认西学为用的同时，还一定要配上一个以孔老二为招牌的中学为体。即西学为用也没有完全定规，以郭嵩焘之高明，还反对修铁路，以康有为迂顽，自然要反对法国式的革命了。

意义，现在看来，也具有极大的历史价值。因为，从另一方面看，这也是自十九世纪下半叶起，中国的社会变革不得不缓慢而痛苦前进的纪录。

钟叔河同志搜集了1840到1911七十年间的这类著述约百种，编为《走向世界丛书》，现已出第一辑，计三十余种，十大巨册。这是近年出版界一大业绩。叔河同志在主编此丛书时，用力匪勤且精。在整理和标点上，凡重要段落都在书页旁加注要点，每种书后都增附《人名索引》和《译名同释》。对具书中人名、地名的异译，加加注原文和今译。这都是费力麻烦的工作。特别是他在每种书前，还精心地撰写了一篇对作者及其著作的评介的序言，文笔流畅，论析精当。这确实是我近年来所见到的整理古文献中最富有思想性、科学性和创造性的一套丛书。我总觉得，搞改革的、搞近代史的、搞古籍整理的，对这部丛书，也都注意得很不够。因此我更希望叔河同志不要半途而废，把其他六十几种，分为第二、第三辑，继续整理出来，继续印行。

湖南人民出版社集《走向世界丛书》各书前叔河同志所撰之叙论为一辑，以《千秋鉴借百美镜》为名，截篇别行，以便读者，征序于余，故乐为之略加论列如此。

（《〈走向世界丛书〉叙论集》第一辑，即将由湖南人民出版社出版。）

1986年，《人民日报》刊出李一氓为《〈走向世界丛书〉叙论集》所作序言

部门工作的李锐、人民出版社社长曾彦修、新华社副社长李普、中华书局总编辑李侃等人高度评价、热情推介了这套书。李普"半夜醒来，不复成寐"，写信给锺叔河，建议将叙论辑印成书，交新华出版社出版。李侃称这是一部"内容并不新奇的当代'奇书'"。著名作家、翻译家萧乾则认为，"除了自身的巨大学术价值，这套书还及时地配合了当前正在进行的改革开放事业"。很快，人们知道了《走向世界丛书》和编辑锺叔河。

钱锺书也是其中一位。他向当时在编《读书》杂志的董秀玉提出，如果锺叔河到了北京，很愿与之见面谈谈。

1984年1月，董秀玉将锺叔河带到北京三里河南沙沟钱家，这是锺叔河第一次见到钱锺书、杨绛。锺叔河将新出的几种书送给他们，钱锺书说了不少鼓励的话，特别认为丛书的叙论写得不错，建议结集出版，表示愿为其作序。锺叔河不喜旅行，很怕坐车，那次见面由于晕车厉害，无法聚精会神谈话，临走时连地址都没有留给钱锺书。回到湖南后，他收到董秀玉转来的钱锺书写的短笺："叔河同志走得匆忙，没有留下地址。我感于他的盛意，抽空翻看了几本，有些意见，写出烦你转给他。将来如得暇再看到什么，当陆续告知，共襄大业。"锺叔河回信后，不久又收到钱锺书的第二封来信，信中指出郭嵩焘《伦敦与巴黎日记》原书和印本中的13处译文错误。此后，锺叔河与钱锺书夫妇保持了多年的书信往来。

1985年，锺叔河的《走向世界——近代中国知识分子考察西方的历史》由中华书局出版。钱锺书在序言中称"我的视野很窄，只局限于文学，远不如他眼光普照，察看欧、美以及日本文化在中国的全面影响。""叔河同志正确地识别了这部分史料的重要，唤起了读者的注意，而且采访发掘，找到了极有价值而久被湮没的著作，辑成《走向世界丛书》，给研究者以便利，这是很大的劳绩"。后来，杨绛在写给锺叔河的信中，提到钱锺书"生平主动愿为作序者，唯先生一人耳"。1989年，锺叔河又将所写叙论辑为《从东方到西方》，共40多万字，由上海人民出版社出版，李一氓为之作序。

锺叔河在聊到《走向世界丛书》的英文译名时说，这本书用过至少3个译名，著名翻译家杨宪益以为"From East to West"这个译名比较好，他十分同意，因为"这并不是一般的国外游记，更不是从'天朝上国'前往'四裔蛮荒'猎艳搜奇的新山海经或天方夜谭，而是近代中国知识分子'向西方国家寻找真理'的实录。From East to West，就是从古代社会走向近世文明，走向变革和开放的现代化世界"。

1984年，锺叔河被派到成立不久的岳麓书社任总编辑，《走向世界丛书》也被带到岳麓书社，1986年出版了10卷合订本。1989年，锺叔河离开了岳麓书社，这套书的出版工作因此停滞多年。装着余下60多种图书资料的几只箱子，随着锺叔河辗转搬了几次家。2008年10月，岳麓书社推出了10卷本的精装珍藏版。2012年，锺叔河同意仍为《走向世界丛书》（续编）担任主编，并将他保存多年的书稿档案交给岳麓书社。这项出版工程终于成功地纳入了国家"十二五"重点出版物出版规划项目，于2015年获得国家出版基金项目资助。

丛书续编是一个庞大的工程，岳麓书社给锺叔河配了一个"有能力又值得信任"的编辑团队，由当时的文学编辑室主任杨云辉带领。杨云辉说，那些年"基本上没做过别的书"，他们把所有精力都用在了续编工作上，办公室被一袋袋资料、一沓沓书稿、一摞摞清样挤满了。2016年12月，《走向世界丛书》（续编）65种55册（锺叔河亲自整理校点了其中的4种7册）终于全面出版。由此，跨度长达37年的《走向世界丛书》100种全部出版完成。

历史的车轮滚滚向前，世界的进步史，就是从划分为地区的历史进入到全球文明的历史。对于改革开放初期的中国而言，这套书的出版意义非凡，被称为"出版界的巨大业绩"。它展现了近代中国人从闭关锁国到走向世界的历程，是历史对当下的观照，对于推动中国现代化进程具有很大的影响。正如多年前锺叔河陈述出版《走向世界丛书》的缘由："书虽然算古籍，读者却是新人。整理出版古书，应该引导读者向前看，面对未来而不是面向过去。"

出版真正有价值的书

锺叔河在中国出版界做的另一件开风气之先的事是主持推出了新编《曾国藩全集》。这套书一出版，就有媒体评价其"爆炸了一颗文化上的原子弹"。

1982年初，湖南省出版局接到一则通知，召锺叔河赴京到京西宾馆报到，参加国家古籍整理出版规划会议。因为对《走向世界丛书》的认可，当时的锺叔河虽然只是一名普通编辑，但李一氓在通知上加盖个人印章特别交代："如果本人不能来，其他人就不必来了。"原来的规划只列入"影印《曾文正公全集》原刻本"，但锺叔河认为这是远远不够的，因为原刻本不仅删掉、漏掉了大量的书信和批牍，还有不少脱、讹、倒、衍，实有补充和订正的必要。为此，他利用会议成员的身份，去北京图书馆找来原刻《曾文正公全集》和台湾影印的《湘乡曾氏文献》（由曾氏后人带去台湾的），在会场上一篇篇、一条条地指出旧版本的不完善和错漏处，力陈编纂新的全集的必要性。锺叔河回忆说："有一次吃早餐的时候，李一氓专门坐到了我旁边，当时有很多人围上来找他谈审批立项的事，李一氓把其他人支开了，我又直接和他谈了我的想法。"通过会上会下的努力，新编《曾国藩全集》被正式列入国家出版规划。

很长一段时间，曾国藩一直是以"汉奸刽子手"面目出现的，但锺叔河记得读初中时在校图书馆借阅《曾文正公家书》的印象，写字如何运笔，木器如何上漆，家书中都讲得细致入微，使人受益。年岁渐长，他进一步认识到，曾国藩不单纯是一位明事理、能办事的人物，还是一位有人格魅力的学者。对于中国传统文化，曾国藩有着深入的

1980年，工作中的钟叔河

研究，编了不少好书，其中《经史百家杂钞》《十八家诗钞》都是学古文和旧诗的好读本。还有他的判断分析能力，协调组织能力，运用战略战术、将大战打赢的能力，以及他在培养人才、发现人才方面的独到之处，锺叔河都很钦佩。他认为曾国藩是"旧文化的最后一个集大成者"，称其为"汉奸刽子手"是过了头、不合适的。

近代中国开始面对"三千年未有之变局"，这一观点也是从曾国藩、郭嵩焘开始的。的确，中国要"快步地走向明天，必须深刻地认识昨天"。在这个关键时刻，锺叔河认为曾国藩值得深入研究，不应该把曾国藩的著作列为禁书。"越是研究曾国藩，就越是可以发觉，连曾国藩这样有作为、有能力的人物都无法挽救旧体制的崩溃，那只能说这个旧体制的确到了不能不崩溃的时候，这能够更深刻地说明旧中国必须改变。"

1984年，锺叔河调入岳麓书社任总编辑，随即改变了社里原来由一名学文学的编辑担任曾氏全集责任编辑的决定，选择由学工科的邓云生（即唐浩明）来负责。《曾国藩全集》后来的成功，证明了这一决策的前瞻性和正确性。唐浩明从此走上曾国藩研究之路，除了整理、编纂《曾国藩全集》，还创作了长篇历史小说《曾国藩》，产生了巨大的影响，而当年他是个仅有两三年编辑工作经验的新手。锺叔河对他说："本科学工科接受了科学知识和工程技术训练，并不是你的短处，而正是你的优势。"

新编《曾国藩全集》是一项浩大艰难的文化工程，编辑们夜以继日地整理，全力以赴地推进，未曾预料后来发生的事情。曾国藩的《家书》出版后，湖南某报登出一篇文章《如此家书有何益——也谈曾国藩的〈家书〉》。出版系统内部也有人写材料寄到北京，说锺叔河"偏爱汉奸"，出曾国藩的书，却不出老同志的书，不出本省专家学者的书。但锺叔河并不畏缩，他的态度是"我不是研究者，我只是出版者；如何评价历史人物，都得先进行研究，我只提供资料"。他对社里的同事们说要沉住气，不必去参与这种争论，因为争论一旦展开就会没完没了。我们出的书只要真正有价值，真正能在全国范围内、在国际上造成正面的影响，大家觉得这书出得好，反对的声音自然就压下去了。

很快，国内和国际上不少媒体发表评论，对出版《曾国藩全集》的文化意义给予了肯定。1986年7月1日，《北美日报》发表社论《还历史以本来面目：评中国重新出版〈曾国藩全集〉》，文中说："出版一套《曾国藩全集》看似小事，实际上它是中国文化界人士的思想突破了一大禁区的标志，也表明中国的文艺政策确实比过去大为开放了，因为这在过去根本是不可想象之事，其重要性完全可以和中国发射一枚新的导弹或卫星相比拟。"文章还引用了中国哲学史专家严北溟的评价："曾氏道德文章，世所推崇，回忆幼时读其家书，深受启发，印象至今犹存。盖有关待人接物、修养学习之道，即使对今日青年一代，实仍不失其教育意义。"

值得一提的是，这篇社论还特别肯定了湖南出版人的胆魄。文中指出，湖南省自明清以至民国，一直是中国开风气之先、接受外来文明影响最深的省份。当时的岳麓书社还出版了胡适、郭嵩焘、左宗棠等是非功过备受争议的历史人物的一批著作，为研究近代中国史提供了珍贵资料，也为积累、弘扬中华文化尽了职责。

进入20世纪90年代，有关曾国藩的研究、论说不再是禁区，人们开始关注和讨论其政治、军事、修身、学术思想等话题，且引发了数十年的"曾国藩出版热"。1995年，岳麓书社一次性推出30册、总计1500万字的《曾国藩全集》，首版印数8000套，半年后又加印5000套。这在中国出版史上极为罕见。时至今日，有关曾国藩的各种读物都还在持续不断地大量出版。

担任岳麓书社总编辑时，锺叔河总想"努力打出自己独特的点子和音色"。当时的岳麓书社只有编辑十余人，年出书不过百种，锺叔河提出自己的编辑思路：一是用新的方法来整理古籍，二是用新的观点来选印旧书。其中最具影响力的当数《走向世界丛书》和《曾国藩全集》。另外，选用旧书工程还包括《凤凰丛书》《旧籍重刊》《旧译新刊》，其中以《凤凰丛书》影响最大。以"凤凰"为丛书名，意在让旧籍"从火中而新生"。这套丛书专收海内外1911年至1949年间出版的有文化积累意义或学术参考价值的旧书，既有关于中国文化的研究著作，又有文史资料、人物传记，如钱穆的《八十忆双亲·师友杂忆》《现代中国学术论衡》、储安平的《英国采风录》、曾宝荪等人的回忆录等。丛书选题以"宽容"为宗旨，正是体现了当时的中国在改革开放后呈现出来的一种海纳百川、深具自信的趋势。事实上，选印旧书同样需要卓识明鉴的功力，而锺叔河总能以他的出版实践示范一种经典的运作方式。

此外，锺叔河还组织策划了《古典名著普及文库》《古典名著今译丛书》《风土丛书》《明清小品选刊》等。他提倡的出版古典名著普及读物的思路，成为岳麓书社多年来的立社之本，也为弘扬中华优秀传统文化作出了重要贡献。

"我们要出版真正有价值的书。"回顾出任岳麓书社总编辑的经历，锺叔河认为自己做到了这一点。他一直以为，编辑的判断能力十分重要，首先要做好书的选题和策划，否则容易白费力气。不论选题多小、多窄，有价值的就值得出版。当被问及什么是真正有价值的书时，锺叔河说："无论时代如何变迁，不管什么人上台，这本书都不会过时，才是有价值的。还有一点我认为也很重要，就是一本书带来的经济效益，它和世界眼光、历史价值这些并不冲突。"

"书要有人看，有人买，走到广大读者中去。"这是锺叔河一再强调的，而且，他出的书确实为社里赚了钱。当年的岳麓书社本是一家默默无闻的地方古籍出版社。据岳麓书社的杨云辉回忆，在建社之初，岳麓书社每年获得四万元扶持资金，锺叔河任总编辑后拒绝了这笔资助。他只要求一点，让岳麓书社出一些畅销书。当时的畅销书，如《红楼梦》《三国演义》等都是由人民文学出版社出版，地方出版社担心侵权不敢涉足。锺叔河找到苏联列宁格勒藏本（原蒙古王府藏手抄本）《红楼梦》作为底本，并力图做出自己的特点，比如，原作没有新式标点和分段，而岳麓书社版有。总之，他努力使之与人民文学出版社的版本不完全相同。

为了把书推向更大的市场，锺叔河对书的包装形式、宣传途径、发行方式等都仔细考虑。当时人们收入普遍不高，《古典名著普及文库》率先将五号字调整为小五号字，减少印张数，从而降低成本，让读者买得起。1988年，锺叔河还在《文汇读书周报》上刊登了一则广告："以最少的钱，买最好的书。"他回忆："很多书当时印刷了好几次，《红楼梦》《三国演义》印了几十万册甚至上百万册，非常畅销。"岳麓书社后来秉承这一出版理念，在图书编辑、审校、排版、设计、印刷、包装等环节力求高质量，同时尽力做到低售价，让更多读者能"以最少的钱，买最好的书"。

锺叔河还记得，多年前，他主编的一套丛书上印有"父亲读过儿子还要读的书"，他说今天这句话应该改成"父母读过，儿女还要读的书"。"一本书，如果有人愿意读，而且能够代代相传，就有出版的价值。"

一双看得出好坏的眼睛

钟叔河进入出版社工作后还想做的一件事情,便是出版周作人的作品。1986年,他在岳麓书社工作期间首先推出了《知堂书话》,这是1949年后中国第一部署名"周作人"的新书。

学生时代的钟叔河就很喜欢读周作人的文章。被划为右派后,谋生之余,他时常出入旧书店,读遍了所有能买到的周作人的书。有一次,他读到一本《希腊的神与英雄》,译者署名周遐寿。因为对书中译名有疑问,他便去信出版社,才知道周遐寿即周作人,还知道了周作人的地址。1963年的一天,钟叔河得知好友张志浩在给周作人写信,受到启发,当即从家附近的小店买来几张一面光洁一面粗糙的红格子"材料纸",还有一小瓶墨汁和一支粗劣的毛笔——当时他家已"不蓄纸笔",虽然他仍在不辍地读书思考。

黯淡的灯光下,钟叔河给周作人写信:"从三十年代我初读书时起,先生的文章就是我最爱读的中国的文章。二十余年来,我在这小城市中,不断搜求先生的各种著作,凡是能寻到的,无不用心地读,而且都爱不能释。说老实话,先生的文章的美,固然是对我具有无上的吸力的,这却还不是使我最爱读它们的顶主要的原因。我一直私心以为,先生的文章的真价值,首先在于它们所反映出来的一种态度,乃是上下数千年来中国读书人所最难得有的态度,那就是诚实的态度——对自己,对生活,对艺术,对人生,对自己和别人的国家,对人类的今天和未来,都能够冷静地,然而又是积极地去看,去讲,去想,去写。"事实上,这也正是钟叔河自己一直在争取、所坚持的态度。

周老先生：

 继友人张志浩居处，拜读先生手书及大著二种，得知先生仍甚很康健，十分高兴。

 三十年代我初读书时，先生的文章，就是我最爱读的中国的文章。二十餘年来，我搜遍小城市中，不断搜寻先生的各种著作，凡是能寻到的，无不用心地读，而且都爱不能释。说老实话，先生的文章的美，固然是对我是有无上的吸力的，这却远不是使我最爱读它们的主要原因……

 顷印新刊，能够赐寄一册，那就是先生最大的恩赐。此外，我还想乞走洪君的样子，求先生为我写一条幅字句就用先生无论哪一首诗都好，先生做（拋弃）满理斯的那一段话我顶谢这个。先生如把它当作交给别人手里的一支火把也可耳。

 回示请寄 长沙市教育西街十八号

 耑此 敬颂

　　康健

　　　　　　钟叔河 十二月二十四日

 无法购置精致合适的纸笔，要请先生原谅，又

钟叔河1963年写给周作人的信的首尾两页

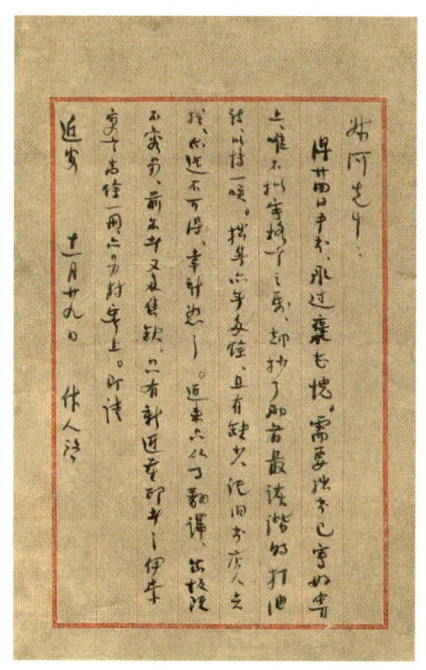

叔河先生：

 十二月廿四日手书，那边承志浩转，需要抄存乙字如尚不难不抄手续称了事，却抄了即当最读送的打油诗抄一过，我手本来不好住，且有牵扯，诧异人走我，还抄送不下事，幸好送了一些。近来家人病了，翻译不完成，前本年又集款，已有新近拿印本一册，实十志佳一两日为封寄上。所诗

 近安

　　　　　　　 作人启 十二月廿九日

周作人给钟叔河的回信

033

努力打出自己的点子和音色

岳麓书社总编辑 钟叔河

岳麓书社编辑10余人，年出书不过百种，在出版界这支宏大的交响乐队中，只是个打边鼓的小脚色。正因为脚色小，我们不能不努力打出自己独特的点子和音色；否则南郭吹竽，有我不多，无我不少，"岳麓"就没有立足之地了。

在新的一年里，我们将尽力保持自己出书的特色，概括起来就是两句话：用新的方法来整理古籍，用新的观点来选印旧书。古籍指传统的经史子集，旧书指近代（1840—1949）和台湾的文化学术著作。湖南近代以前文献足征者不多，故只能以近代为主。

1988年是改革开放进入新阶段的一年，今之读者来读古籍旧书，回首过去只能是为了走向未来。我们将在"凤凰丛书"、《旧籍重刊》、《旧译新刊》中，向时代精英贡献罗家伦译《思想自由史》、陈望道序《爱的成年》、萨孟武著《红楼梦与中国旧家庭》、温永宁著《一知半解》等一批名著。这些书记录了1919—1949整整一代人追求德先生和赛先生的努力。他们的徘徊和蹉跌，不应被简单地蔑视而是值得总结和深思的。还有周作人的著作，中宣部和新闻出版署已批准我社印行，当然也属于此类。

在古籍整理方面，我社的"走向世界丛书"被国务院古籍整理出版规划小组组长李一氓誉为"近年来所见到的整理古文献中最富有思想性、科学性和创造性的一套丛书"，正是因为我们能突破传统的方法，不搞烦琐的注释疏证，而是下功夫广搜博采，分类重编，详编索引，撰写导言，"化腐朽为神奇"，将封建文化的积淀解析为对现代化进程有参考和反思价值的资料。今年我社将认真推广这种方法，出好《曾国藩全集》和《船山全书》。

为了争取给最大多数读者服务的机会，"岳麓"版《古典名著普及文库》在1988年中将增出10种，保证读者能"以最少的钱，买最好的书"，欢迎广大读者选择、比较。

谋事在人，成事在天，天就是形势。形势既已大好，吾人自不容懈怠，愿与全国同胞共勉。

1988年元旦，钟叔河应《文汇读书周报》约请向读者祝贺新年

在信中，锺叔河还请周作人为他写一条幅："先生最喜欢蔼理斯（霭理士）的那一段话，用在这里也许适合，先生就请把它当作交给别人手里的一支火把亦可耳。"周作人很快就给锺叔河寄来回信，同时写了自己的两首旧诗，还写了霭理士的那段话："在一个短时间内，如我们愿意，我们可以用了光明去照我们路程周围的黑暗……我们手里持炬，沿着道路奔向前去。不久就要有人从后面来，追上我们。我们所有的技巧，便在怎样地将那光明固定的炬火递在他的手内，我们自己就隐没到黑暗里去。"

锺叔河后来回忆这段交往经历时不无感慨："我拖板车时，他给我回信，给我寄书，看得起我。我如今来编印他的书，也算是'士酬知己'吧。"改革开放以前，周作人作品的印行与学者对他的研究几乎是停滞的，他在中国现代文学史和思想史上曾经的重要地位湮没不彰。而锺叔河认为，要了解五四新文化和中国现代新文学，就必须研究周作人的著作。文学史家郑振铎也曾说，五四以来的中国文学发展道路上，鲁迅和周作人"是两个颠扑不破的巨石重镇；没有了他们，新文学史上便要黯然失光"。当鲁迅被问及中国新文学运动以来谁是最好的散文、杂文家时，他的书面回答是："周作人、林语堂、陈独秀、梁启超。"

锺叔河曾在《谈美文》一文中指出，周作人首倡美文，但他绝不只是位美文家，而是他自己所说的"爱智者"（philosopher），追求智慧和理想，亦即真和美，而又能以冷静明智的态度出之，发而为文，在"诗与真实"两方面都显出动人的力量。

锺叔河坚信周作人其人其文的价值会得到恰如其分的重估。《知堂书话》出版之后，他计划继续重印《自己的园地》《雨天的书》《过去的生命》《看云集》等，他还在北京的报纸上刊出了一则"岳麓书社开始重印周作人著作"的广告，开头几句是这样的："人归人，文归文。

周作人其人的是非功过是另一问题，其书的主要内容是对传统文化和国民性进行反思，对中国—西方和中国—日本的文化历史进行比较研究，今之读者却不可不读。"这一举动引来很大非议。

正当锺叔河为出书计划遇阻而犯愁时，黄裳告诉他一个消息：胡乔木不久前到上海和他相见，表示对锺叔河主编的《知堂书话》颇为赞许，说湖南人书出得真不错。后来，锺叔河又从钱锺书处得知，当年胡乔木在清华大学读书时，十分爱读周作人的文章。于是，锺叔河便把自己的著作《儿童杂事诗笺释》（即后来的《儿童杂事诗图笺释》）寄给胡乔木，写信表达了想出版《知堂文化论集》（即后来的《周作人文类编》）的愿望。很快，胡乔木寄来回信："谢谢你寄书，祝你的《知堂文化论集》获得成功。"黄裳的原信云："去冬乔木来沪，一次谈天，谈及周作人，他自称为'护法'。并告当年吾兄呈请重刊周书事，最后到他那里，是他不顾别人反对批准的。"

尽管拿到了批文，锺叔河仍遇到了不小的阻力，有些领导和老同事提出疑问。有人是怕他"祸延祖考"，有人是怕他"太出名更不好管"，说出来的理由是"岳麓书社是一家古籍出版社，出版周作人的著作是不务正业"。锺叔河在谈到出书面临的压力时说："勇气我并不缺乏，我不太怕惹祸。一个人如果不能按照自己的想法做件把事，那就太没意思了。我不能做一个专门看别人脸色行事的人。"萧乾在《长沙出版界四骑士》一文中曾谈到，在锺叔河向他征询对某些前人著作的出版意见时，他"狠狠地泼过冷水"，因为他内心仍有对过往风暴的恐惧。他赞叹锺叔河的果敢，说"胆小鬼永远难成气候，世界就是靠有胆识者的推动而前进的"。

"我是一个带刺的人，"几十年后再忆及当年的这些经历，锺叔河说，"我从小就顽皮，母亲越说我不听话，我就越不听话。参加工作后，

《周作人散文全集》书影

1987年,"岳麓书社开始重印周作人著作"的广告

有人说我骄傲,脾气大,很难管。的确,我不会讨好领导,也不愿讨好领导。这个性格给我的工作带来了很大影响。"

1988年,岳麓书社班子选举,钟叔河落选,离开了总编辑的岗位,同时也离开了岳麓书社。这一年,他57岁。但他没有放弃编订出版周作人所有作品的雄心,仍尽可能地继续搜集周作人的集外文和未刊稿,认真校订,力谋印行。因为毕竟有过上述批文,10年之后的1998年,钟叔河主编的《周作人文类编》还是在湖南文艺出版社出版了。遗憾的是,这套书未能应钟叔河的要求加入新收集的佚文,改正新发现的错漏,"至少还有好几百篇几十万字的文章没有编进去。于是,我只好继续努力,决定再编一部自己完全满意的周作人散文全集"。

可以说,从策划出版《走向世界丛书》,到主张推出周作人的作品,钟叔河的理念是一脉相承的。"这些书在改革开放之前都是被禁锢的,我就是要突破这种禁锢。出版人有职责,不能让文化留下空白,读书应无禁区。"他还说:"我不做,别人照样会做。"但他毕竟是新编重印周作人著作的第一人。无疑,这些书的出版有时代驱动的力量,但也是钟叔河的苦心孤诣所成就的。他从内心深处认可周作人文章和思想的价值,认为周作人的文字"平实、不炫耀、不铺张、不做作。他的最好的态度就是致远。我们古代对于诗文很高的评价叫作'渐行致远',他就是这个境界"。在他看来,周作人首先是思想家、启蒙家,"他的很多论点,关于妇女的,关于儿童的,现在看来也还是具有进步意义的"。执着于出版周作人的作品,还源自他们早年书信往来的那份情感。钟叔河说:"这一份知己之感,就成了我后来肯花时间力气编辑出版周作人全集的动力。"

2009年,钟叔河编订的14卷本、近700万字的《周作人散文全集》由广西师范大学出版社出版,以编年体的方式收录了周作人1898年至

1966年的所有散文作品,内容涵括了《周作人文类编》的全部,并有近一半文章为集外文和未刊稿。

2020年,人事全新的岳麓书社在续编完成《走向世界丛书》100种之后,仍由离休已久的钟叔河负责编订、完成了33年前在《光明日报》上刊登广告、校订重印周作人著作(从《欧洲文学史》到《饭后随笔》总计40种)的计划。

《周作人散文全集》和《周作人作品集》这两套书,弥补了之前钟叔河辑印周作人著作各个版本的一些缺失,也弥补了钟叔河心中的遗憾。

如果从1986年《知堂书话》初版算起,到2020年《周作人作品集》40种出齐,钟叔河为之投入了34年的时间。34年的漫长历程,足以证明他的坚持,而这背后不仅是他广博深厚的学养,更是他开阔独到的眼光,能够发现和懂得这些书的价值。正如当年他写下:"时年不满三十的苦力,当然不敢在五四文坛老宿面前妄托知己,不过在读到周作人随后写了寄来给我的古人诗句'万卷纵观当具眼'之后,我还是不禁暗喜。因为于冥冥长夜中知道自己还有一双看得出好坏的眼睛,在漫漫长路上也就不会像原来那样不知所从了。"

为什么是锺叔河？

为什么是锺叔河主持出版了《走向世界丛书》《曾国藩全集》《周作人散文全集》等大型系列图书？一定也有人动过类似的念头，但为什么只是他有勇气并且做成了这些很难的事？

"我是在特殊时期、特殊条件下走了一条特殊的道路，没有普遍意义。"对于这个问题，锺叔河如此回答。

"读书时，我曾奉'平生无大志，只求六十分'为座右铭，"回忆往事，锺叔河笑着对我们说，"我是典型的早恋、早婚、早育，年轻时并没想过要做出多大的成绩。给我带来改变的有两件事：一是被划为右派后我下决心要好好读书，一定要做出一点事情来；二是在洣江农场劳动时我下决心要做个好丈夫，朱纯太不容易了，我不能对不起她。"

锺叔河一生饱经风霜，幸而妻子朱纯与之同甘共苦。"跟朱纯结婚是我一生中最成功的事。"对锺叔河的工作，朱纯给予了很大的支持。锺叔河曾写道："我于妻去世后出版的《青灯集》，123篇文章中的110篇，也都是妻在病中帮我打印，有的还帮我修改过的。她走了以后，过了80天，我才勉强重拿笔杆……"有一次，锺叔河在画展上看到一幅画《两棵树》，画的下面有首题诗："也许有一天，一棵会死去。那另一棵，还会陪伴它的枯枝。"锺叔河在这幅画前停留了很久，心里感到悲伤，眼睛也模糊了。他说："如果朱纯还在，恐怕我便不会如此软弱了。"

虽然锺叔河自己说他的成长道路具有特殊性，但他也谈到，读书给他带来了很大的影响。如果不是当年被划为右派，他不会下定决心好好读书，可能就会像许多别的人一样度过一生。因为想要证明自己

钟叔河与朱纯在岳麓山上领养了一棵树

并非一无是处，更不像别人说的那么坏，他决定要做出点事情，改变自己的命运。

"你们还年轻。"在经历过沧桑巨变，遭遇诸多不幸、痛苦和悲伤之后，锺叔河在回忆往事时，其语气有一种洒脱，但又能让人感到些许悲凉。"你们还有很多机会和可能，要努力把握自己的人生和命运。"

"你还年轻。"锺叔河记得，这也是潘汉年对他说过的话。潘汉年当年也在洣江农场，他们相遇过几次。当时的锺叔河已经40多岁，身体虚弱不堪，颈椎病、腰肌劳损、气管炎……在他很难坚持下去时，这句轻轻的、平淡无奇的话给了他希望和力量。

锺叔河不曾想到，黑夜很快就要破晓，而在往后漫长的人生中，他也给过很多人关怀和鼓励。他也成为一盏灯，照亮了无数人前行的路。

"对于今天的年轻编辑，如果让我提建议，我希望你们不要把自己还没做出成绩的原因都归结于环境。身处不太理想的环境中，通常有两种情况，大多数人可能会感到无力、无助，但也有少数人能够觉悟，认识到只有通过自己的努力才能去改善、改变。当然，努力也要合法、合理、合情。"锺叔河很早就认识到这一点，他后来的人生选择也证明了这一点。每一次面临压力、遭遇阻力，他都能够坚守心中的理念，走一条自己觉得心安理得的道路。

锺叔河还多次跟我们强调："编辑需要才、学、识。"三者中，他特别强调"识"对于编辑的重要性。"才、学、识"源自唐代史学家刘知幾提出的"史学三长"。刘知幾说的"才"指史家对于历史著作的表述水平，可以理解为文笔；"学"指史家应掌握的学养；"识"指史家对历史的认知能力，可以理解为历史见解。锺叔河认为，"才是才能，学是学问，识是见识"，"才"很大程度上是天生的，"学"可以通过后天努力获得，但光有"才""学"，没有"识"也很难成功，"识"是三样中最难得的。尤其是对于编辑，"看书看文章，看人，看事，都应该能看得出好坏，才能不错判，不上当。这就需要有一点见识"。

锺叔河说自己没多少才，充其量只是中人之资；学更欠缺，不懂外语，不好旅行，不太了解中国以外横向的学科研究水平和动向；之所以能够做出一点事情，主要是通过学习、思考和生活历练增长了一点见识。在2021年接受《十三邀》节目采访时，锺叔河自评"才"六十分，"学"六七十分，"识"则是七八十分。

这当然有自谦的成分。"学如弓弩，才如箭镞。识以领之，方能中鹄"。只有"才、学、识"三者兼备，锺叔河才能策划出版《走向世界丛书》，并完成叙论撰写工作；才能于改革开放之初首倡新编《曾国藩全集》；才能开风气之先推出周作人文集系列……

锺叔河一生的三大出版成就，代表了中国传统思想以及中国人在寻求现代化过程中发生的思想变化。他始终认为，编辑要将自己的思想融入职业生涯之中，体现在编辑作品之中。《书屋》原主编周实说过，锺叔河一出牢门便"走向世界"，离不开他的胆识，但没有学识的准备，此亦无可能。"他是时刻准备着的。准备着什么？准备了思想。"

锺叔河经历了社会的若干变迁，回首望去，这条路上的艰难或许已没那么重要，重要的是人的思想，暗流涌动，催促他走这样一条路。

锺叔河一直记得小时候在平江的日子，乡间的清溪茂林、田野小路，畅游其间，幼小的心灵种下了自由的种子。后来读书，父亲从来不限制他，他可以看自己想看的书，思想在其间自由生长。被迫离开工作岗位后，在做苦力之余他仍坚持读书。他说"思想是牢门关不住的"。也许和这些经历有关，在锺叔河的作品中，我们在感受他的学问时，还可以感觉到他身上有股自由的气息。锺叔河说，自由就是由自——由自己；每个人都只服从他自己，自由自在，不受任何约束，就叫作自由。

后来的风雨人生中，他一直在追求着自由，思想的自由，灵魂的自由。

钟叔河曾自述，"我做编辑，也只编我想要编的书。编曾国藩、周作人的书……最后出来，就是我的编辑作品，我通过它来宣传我要宣传的思想，推动我要做的事业"，这个事业就是"帮助人们了解历史和文化，了解自己的昨天和今天，思考自己的明天"。多年后，再次谈及这个话题时，钟叔河说，他想改几个字，"我只编能够重印的书。千百年来，写书的人多如牛毛，各种书籍浩如烟海，但能够流传至今的书有多少？如《左传》《红楼梦》，都是能代代相传却历久弥新的经典之作。我的书无法和它们相比，但《走向世界丛书》和《念楼学短》也在多次重印。不能重印的书，就是短命的书，就没有出版的价值"。

时至今日，出版政策、出版市场、出版技术等都发生了深刻的变化，钟叔河认为，想要让自己的编辑作品具有持久的生命力，需要有世界的知识、世界的眼光，要通过作品为中国的发展和现代化尽自己的作用，"才、学、识"是基本要求。知识和见识不能画等号。见识的形成，既离不开知识的积累，也离不开问题意识、钻研精神，以及在实践中的学习和磨砺。而最基本也是最便捷的方式，就是多读书。

许多年前，钟叔河在与年轻编辑聊天时提及，《走向世界丛书》的出版与自己的读书经历息息相关。编辑在编书之前，应该广泛而认真地读书，扎扎实实做些研究，这样才能获得更明晰的视野与更深刻的见解。雨果曾说："学会读书就是点燃火炬。"钟叔河的一生，不论处于何种境遇，都一直热爱读书、坚持读书。读过的书便成为照亮无知和幽暗的"火炬"。

张中行曾评价钟叔河是全套"书呆子一路"，由读书、写作到编辑、出版。钟叔河认为，书是联结读者和编辑的纽带，"只要彼此都喜欢书，看重书，熟悉书，自然同声相应，同气相求，共存共荣，融洽无间。"

锤叔河说："张（中行）先生的一生是读书的一生，他的修养和境界都是因读书而有。"锤叔河的一生，何尝又不是如此？

"阅读从来是我的生活。"锤叔河认为，编辑尤其得是把读书当成最高生活的人，"一个人要做出版，第一就要想着怎么样才能多出自己爱读想读的书，不要想升官发财。读书读得好，做出版的人脑子都不蠢，想赚钱能赚到钱的。我们因为热爱书，才选择出版这个职业，爱就是理想，你热爱的，读者也会热爱。"

锺叔河自制的两把细木工刨

锺叔河编书的各种工具

如切如磋，如琢如磨

"我没有当作家的抱负，做学者的本事；所有的一点长处，只是工匠的长处，做手艺的长处，能做很烦琐细致的事情。"已经年逾九旬的锺叔河说，"我从小就爱玩泥巴、做手工活。我觉得编书和做手工有共性，都要有工匠精神。"

年少时，锺叔河曾对考古、植物学很感兴趣，他说从未想过以文字为职业，"愿意做一些精细的手艺"，本想做一名手艺人。他的家中至今还留着当年做的一些手工制品，其中有两把细木工刨手制于1967年，是照着一本德国的职业学校教材《细木工作业》上的图做的。当时他和妻子朱纯都在街道工厂做木模，可以解决温饱问题，故有余时做一些感兴趣的小玩意。还有一个竹笔筒，上刻竹叶数片，题"斑竹一枝千滴泪"，一椭圆小印文曰"沁园"，下镌小字"叔河作于一九七六年"，"沁园"是朱纯小时名字的谐音。

做编辑后，锺叔河既关注大问题，也注重小细节。他亲自参与版本校勘、搜集佚文、制作索引、校对、装帧设计等具体环节。这些工作贯穿于锺叔河的整个编辑生涯。

锺叔河十分注重版本校勘工作。对周作人自编文集，他放弃了影印原本的做法，而是搜寻较好的版本进行校订，并将校订记录附于文后，以便读者对照。为了弥补此前的缺失，再版的《周作人散文全集》修订了初版一百余处注释，增加近两百处注文，改正了若干错讹。责编陈亮在《书与人——写在〈周作人散文全集〉出版前》中谈到，对出版社的近万张校样，锺叔河从头至尾一页页地校阅过两遍，有些卷

在书房的台球桌上，锺叔河与"忘年交"王平一起整理自己的著作

锺叔河的书柜一角

次看过三遍以上，并提出许多新的问题，有改动的地方还贴上手制的浮签，用彩笔写明问题所在，以免遗漏。

钟叔河在书的装帧上颇费心力。他指出，有些编辑会忽视装帧的重要性，认为装帧就是美编的事。其实，书是有生命的机体，编辑要读懂书的内容，把握书的性格，用心于每个细节，不仅封面，包括护封、扉页、书脊、底封乃至版式、标题、勒口等，都要通盘考虑。好的装帧会和书的文字相得益彰，不好的装帧则会大大影响或破坏书的品质。

对于书的装帧，钟叔河比较满意的有湖南美术出版社出版的一卷本《念楼学短》（萧沛苍封面设计，蔡皋插图）。钟叔河提出封面可以集周作人的字，正文版式也是他自己做的，简洁朴素，但让人印象深刻。《儿童杂事诗图笺释》（文化艺术出版社1991年版）也是钟叔河比较满意的作品。这本书先后多次再版，每个版本都可见用心之处。此版封面是丰子恺为"丙之二·老鼠做亲"所绘插图，用纸厚实，采用了当年盛行的压膜工艺。书名题字集周作人手迹。书还配有腰封，印有一段广告语："文化艺术出版社谨将这一册——吾土与吾民的风俗画卷献给文化界的朋友们；前辈大师为儿童的创作献给最可爱的小朋友。"书中的诗影印了周作人1966年的写本，将《亦报》刊载的锌版图放大为一页置于旁边，钟叔河为每首诗做的笺释占两页。张中行曾称赞此书"开本、封皮、版式、套色、边框、字体、行距等等，都美得了不得。尤其笺释，每一首的，与诗和图对称，也是遍全书，恰好两面，真是神乎技矣"。张中行还说，书籍的编印装帧，钟叔河的造诣是超常的，"久闻北方有个范用，南方有个钟叔河，是大专家，出手不凡"。

钟叔河对文字更是精益求精。对于编辑的图书，能够找到原稿的他都尽量找到原稿。能够用手稿校对的他都用手稿校对。很多内容都

2018年，伏案写作中的锺叔河

锺叔河编辑《儿童杂事诗图笺释》的手稿

是经他详加对比，最终得以纠正。锺叔河说，编辑《曾国藩家书》时能找到的《曾文正公家书》底本都是光绪己卯（1879）传忠书局刻本，其中有不少错误。如道光二十二年（1842）曾国藩写给四个弟弟的信，有一句在标点本中印作："子思、朱子言：为学譬如熬肉，先须用猛火煮，然后用慢火温。予生平工夫，全未用猛火煮过。"刻本与此全同。但他觉得这段话颇令人疑惑：为什么公元前400多年的子思（孔子之孙）会和公元1100多年的朱子（朱熹）说同样的话呢？于是他翻找了近十种旧时印本，只发现一种民国二十五年（1936）上海世界书局的印本（只圈断，无标点）改正了刻本的错误，原来是："予思朱子言。为学譬如熬肉。先须用猛火煮。然后用慢火温。予生平工夫。全未用猛火煮过。"

住在锺叔河楼下的邻居王平，是湖南出版投资控股集团已经退休的编审、《书屋》杂志创始人之一，他是锺叔河的忘年交。这些年，王平和锺叔河来往密切。王平认为，锺叔河是一个外圆内方的人，他懂人情世故，说话随意，但他对编书有自己的坚守和原则。他帮锺叔河编过书，说锺叔河事无巨细的专注与认真，令人叹为观止。修改书稿，不是几次，而是十几次。王平协助编辑《锺叔河集》，锺叔河对于书的开本与版式，反复推敲不下十余次。连一个正文前的说明，亦改了若干次。就连每本书中半个印张的彩插，锺叔河也颇费心思。

岳麓书社的李缅燕是《走向世界丛书》（续编）的编辑。她体会最深的，是锺叔河做事认真"到了令人发指的地步"。为了编辑这套书，锺叔河做了大量卡片。这些卡片的左上角，用红圈标明按年代划分的图书号；右上角誊写每种图书的字数和预估页数；右下角则标注上作者的出国时间，力求精确到日。再如，锺叔河为《海录》写的万字叙论，前后修改了4次。修改稿用了4种颜色做标记：红色是修改的句子，绿色是大段的插入内容，蓝色标记页码号，黑色则是在红色修改

钟叔河部分著作书影

句上再改动的部分。李缅燕还说，她每次拿书稿给锺叔河看都很紧张。他用 0.35 毫米的笔芯修改，逐字逐句，每次都改得"满纸烟云"。

锺叔河自己也说，他做事比较认真。见过他的手稿的人都说，他的字迹尤其工整，连标点符号都极为规范。他每次写文章，都会查找很多资料，仔细求证，字斟句酌。他为编书做的索引卡、边批示例等细致规范，无不显示出他一丝不苟的态度。妻子朱纯离世前曾写过一篇《老头挪书房》，文中写道："我常常笑他'獭祭鱼'，写篇千把字的小文，也要摊开好多书，这里查，那里对，'抄都没有你这样不会抄的'。"

自古以来，我国就有尊崇工匠精神的传统，"如切如磋，如琢如磨"反映的正是古代工匠在雕琢器物时执着专注的工作态度。随着互联网技术的迅速发展，有人说今天的编辑要更像策划人、产品经理，编辑的案头苦功没那么重要。对此，锺叔河认为，有大本事的人不会看不起小本事和小细节，编书也是一门手艺，还是要有工匠精神。

正是因为始终持守这一原则，锺叔河编的书、出的书都堪称教科书。萧乾曾说，倘若要他开一门编辑艺术课，他首选的范本就是《走向世界丛书》。

编辑要有"两支笔"

"蓝笔自娱,朱笔编文",是锺叔河的另一个标志。锺叔河一直强调,编辑要有"两支笔",红笔改书稿,蓝笔写文章。"好编辑是编出来的,也是写出来的。"

锺叔河善写文章,15岁时用文言文写《蛛窗述闻》,18岁时写下小说《季梦千》。后来以书为业,锺叔河为所编、所著图书写了不少序言、后记。又因爱读书,写了很多读书笔记。退休后,锺叔河喜欢写一些散文。这些文字陆续被结集出版,包括《小西门集》《笼中鸟集》《青灯集》《书前书后》《念楼随笔》《念楼学短》《学其短》等。为《走向世界丛书》写的叙论视域宏阔、史论兼擅,体现了锺叔河深厚的史学眼光与功底。为各种书写的序跋同样体现了他的博古通今、厚积薄发。锺叔河写这类文章行笔有度、气韵独具。而他写的散文是另一种风格,其特点或有如下几个方面:

一是平和中可见凌厉。

锺叔河的散文于平和中可见凌厉。在阅读、编辑和整理周作人作品的过程中浸润日久,其散文文风深受周作人的影响,亦是情理之中的事。

《笼中鸟集》中有一篇《暮色中的起飞》。于古人中,锺叔河独喜张岱的文章,觉得其风格可以四字括之,即"自说自话",绝不作陈言套语。"写人事,他不用心歌颂什么暴露什么,而爱怜哀矜之意自然流露,能感人于百载之后。发感想,他从不想载尧舜禹汤文武周公孔子之道,而家国之忧、无常之痛时见于字里行间。"事实上,锺叔河能写出这样的文字,也体现出他的思考从不受旧例约束,总在表达自己的观点。

读锺叔河的《什么东西》《人之将死》《死了还要斗》《张冠李戴一例》等文章，能真切地感受到一股凌厉的剑气。文章涉及社会文化的不同层面，考据讲究，借古喻今，读来令人拍手称快。如《看成都》一文，写对成都的印象，慨叹昔日羁留此地的杜子美，在"厚禄故人书断绝，恒饥稚子色凄凉"时，尚写得出"风含翠筱娟娟净，雨裛红蕖冉冉香"这样的清词丽句，而今耳目所接，多为俗媚和喧嚣，醇厚古风、文化脉息何其微弱！接着写成都的名物胜景，"诗婢家""公馆菜""祖龙居""读竹苑"，引经据典，笔端盈情，如数家珍。最后感慨："希望城市能够多保留一点历史文化的痕迹，该恢复的得恢复，如果本来没有，也就不必急于来造吧。"

周实曾这样评价："锺叔河的笔真的就像剑，那剑总是寸寸而出，剑气一旦逼住对方，也就悄然入鞘了。"对于一些沉痛的话题，锺叔河总是闲闲落笔，但锋利无比。黄裳曾在锺叔河《书前书后》一书的序言中如此称赞："作者又是善于文章的……如果寻根溯源，这种笔路风致，可以到东坡、山谷、放翁的题跋里去找。有如人的面目表情，有的只是一微笑，一颦蹙，而传达情愫的力量却远在横眉怒目之上。"

二是冲淡中可见情趣。

锺叔河自2002年起住在湖南省出版局宿舍二十楼，即廿楼。"廿"音同"念"，于是，便有了他家挂在门口写有"念楼"的竹匾，以及后来的念楼系列著作。如《念楼随笔》是从锺叔河已出版的几本书中精选出来的佳作集，皆为随笔之作，写人、写物、写事。书中有不少关于书人书事的，如《卖书人和读书人》《因何读书》《买旧书》《古人写书房》《谈书话》；也有关于吃食的，如《长沙的春卷》《吃油饼》《吃笋》《蓑衣饼》。比如，《吃油饼》中写道，"油饼也确是长沙那时的美食，是普遍清贫中的一点膏腴"。文中还提到，一位顾客坐在酱油坛子上吃完油饼,站起身来,"那雪白的府绸衬衫后摆拖在坛子里,酱油已经爬上背心了"。再如,锺叔河在80岁、离乡65年时写了一篇文章《我爱我乡》,其中有"是故乡记录了我少小时的游嬉歌哭。七八岁时同男孩们捞鱼虾捉螃蟹,同女孩们捕蜻蜓采野花,笑声不断"。故乡"培养了我对写作和自然的爱好,使我终身受益"。文章最后一段这样写道:"谁不爱父母,谁不爱恩师,谁不爱自己的乡——家乡和故乡呢?所有的亲人和师长都属于乡,所有的乡都属于国,爱乡也就是爱国了。"

诸如此类的文章,平实淡然,但可见生活情趣。锺叔河对真实生活的关注和那种亲切的感受,应该也是受周作人的熏陶。他的《滚灯的花纸》《旧时花价》《汉口竹枝词》等文章就如一幅幅世俗生活的风情画,冲淡的笔调,悠远的情致,很有周作人散文的流风余韵。另外,如"狗比主人凶"这样的俗语,在锺叔河的书里比比皆是,读者读来忍俊不禁又能获得启发,这便是其妙处所在。其中不仅仅是文字的平实,更有人生的智慧和经验。

三是简短却意味深长。

锺叔河认为,写作还要有"学其短"的精神,即向古人学习,向古文学习,把文章写得短小精悍,写得干净。《念楼学短》本是锺叔河为教育孙辈而选编的百字古文,出乎意料的是,出版后颇受读者欢迎。锺叔河认为"古文最简约,少废话。这是老祖宗的一项特长,不该轻易丢掉"。"学短"是锺叔河在1991年为报纸开专栏首创的一种文体,积累了五百多篇短文。他选择《论语》《孟子》《战国策》《庄子》《世说新语》《阅微草堂笔记》《两般秋雨庵随笔》《春在堂随笔》等书中百字以内的短文,每篇由"念楼读""念楼曰"两部分组成。"念楼读"是对原文的"活译","念楼曰"是对原文的评述或发挥。所涉主题涵盖自然、人文、社会等诸多方面，篇篇文笔短美、隽永可读。比如，《念楼学短》最后一篇选的是金人瑞的《字付大儿》："字付大儿看，盐菜与黄豆同吃，大有胡桃滋味，此法一传，我无遗憾矣。"金人瑞，字圣叹。这是金圣叹临刑前，写给大儿子的遗墨。锺叔河再附以金圣叹的绝命诗云："鼛鼓三声响，西山日正斜。黄泉无客店，今夜宿谁家。"如此读下来，读者的感受就不仅是"学其短"了。

2009年，近百岁高龄的杨绛亲笔为《念楼学短》合集作序，留下了文坛稀有的钱锺书、杨绛二人"双序珠玉交辉"的佳话。杨绛在序言中说这本书"选题好，翻译的白话好，注释好，批语好，读了能增广学识，读来又趣味无穷"。

锺叔河赞同契诃夫说过的一句话："写作的技巧，就是删掉一切多余字句的技巧。"好的文章，虽然简短，却意味深长。一篇题为《〈念楼学短〉字字珠》的文章曾称赞锺叔河的文章"写得最是精到，有思想，有内容，偶尔百炼钢，间或绕指柔，妙不可言"。

锺叔河一直坚持读书、写作，"两支笔"贯穿于他的整个编辑生涯。2023年春，岳麓书社隆重出版了《锺叔河集》，共10册，320余万字，涵盖锺叔河历年的所有著述作品，包括专著、叙论、杂文、文化评述、散文、随笔、书评、题跋、笺释、读书笔记等。这套书是对锺叔河编辑、出版和写作贡献的致敬，于他个人而言，则是自我完成，不负此生。

翻到每册书的扉页背面，可以看到法国诗人缪塞的名句："我的杯很小，但我用我的杯喝水。"锺叔河很喜欢这句话，这既是他一生读书、编书的态度，也是他写书的追求。锺叔河说："我的脑袋不是很聪明，但我用我的脑袋思考。""我的思想可能有偏颇，也不够深刻，可这是我的思想。"正是由于这种态度，读锺叔河的文字，我们总能感受到他淡然、严谨、求真的风范。

杨绛《〈念楼学短〉合集序》手迹

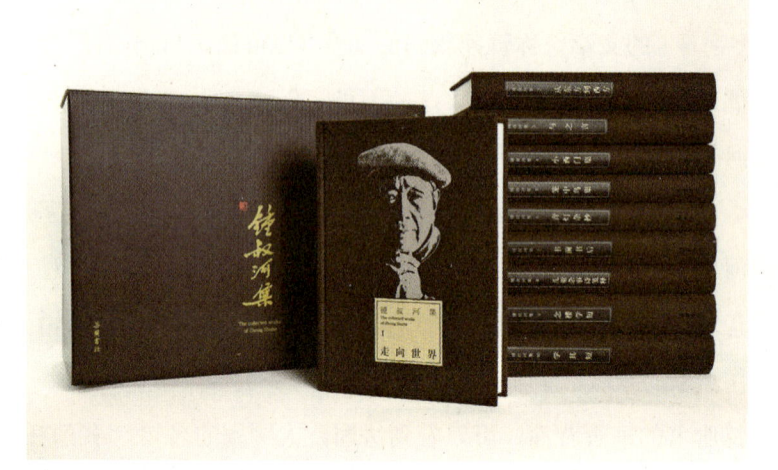

《钟叔河集》书影

今天的我们依然要走向世界

2021年8月，锺叔河突发脑梗，被送至湘雅医院救治，后虽脱离生命危险，但左侧身体偏瘫，饮食起居无法自理，每天都要接受按摩理疗、药物治疗等。2022年底，锺叔河又感染了新冠肺炎，在医院治疗了数月才慢慢恢复。他说："我已经被枷锁锁在这张床上。"

但锺叔河没有停止读书、写作和编辑工作。他的床上总是放着一张小桌子，桌上有一个纸盒，正好可以放进书稿。他常常坐起来，仅靠一只能活动的右手翻阅、修改文章。近年来，他在《随笔》《书屋》等杂志上发表了多篇文章。2023年出版了《今夜谁家月最明》《念楼书简》《念楼话书》等几本新书。他还接受了《新周刊》《冰点周刊》等媒体的专访……

虽然身体被困，但锺叔河依然自由地思考，乐于和前来拜访他的后辈们交流。他头脑敏锐、目光如炬，保持着对外部世界的关注，对国家未来的思考。

随着互联网技术的发展，读纸质图书的人越来越少了。未来纸质图书会不会消失，锺叔河对此也有关注和思考。他跟年轻编辑说不必感到忧虑，图书是文化的产物，同时又是文化的载体，只要文化不灭，图书也就不会灭亡和消失。"科技进步了，图书也进步了。孔子当时在皮条串联的竹简上读书，我们如今用电脑、阅读器等读书，书之轻重和读之难易，已大不同。但我们读《易》能比孔子读得更好吗？不敢这么说。"但锺叔河也说："当然，人在变，文化在变，图书的内容和形式不可能不变。包括图书的推广形式，编辑当然得

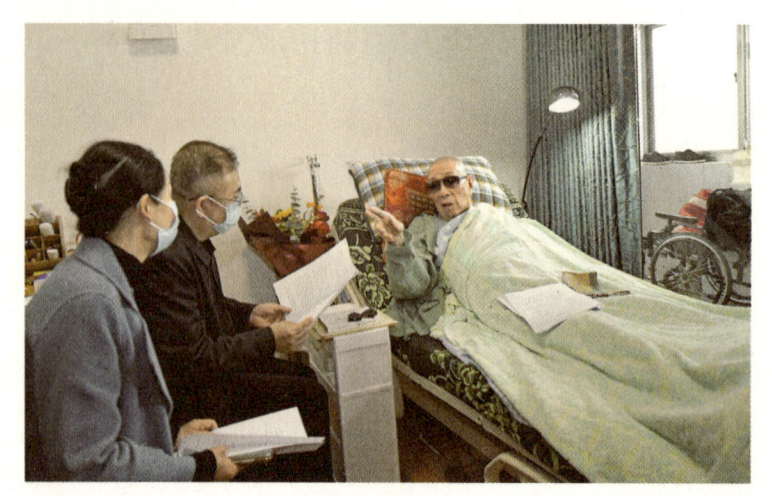

2023年4月，张子云、彭兆平看望锺叔河

2023年4月，本书全媒体项目组与锺叔河合影

借助新媒体的力量。"

锺叔河说他的《念楼学短》修订再版多次，2018年，他与后浪出版公司合作，将五卷本改为上下两卷本。2019年，"一条"记者专程到长沙做采访，在微信公众号上推送了《钱锺书和杨绛力荐，这个88岁湖南老头的书，每个中国人都该看看》。很快，《念楼学短》销售一空，如今印数早已超过10万册，成为畅销书。可见，新媒体的传播力和影响力不可低估。

锺叔河说，未来的书到底会是什么样子，他不知道。会不会全缩到阅读器里头去呢？难说。他认为，即使阅读器能全面取代纸本，也不过和平装取代线装、纸本取代竹帛、竹帛取代甲骨一样，又来一次世代交替而已。模样再变，供人阅读的功能不会变，人们读它，还是在读书。

去拜访锺叔河的人，大都会关心他是如何思考国家未来的。距离1980年《走向世界丛书》第一本书的出版已40多年，这套丛书对于中国未来发展还有多大的价值与意义？锺叔河有自己的看法。他认为，中国的问题，归根结底是一个要不要走向世界、能不能走向世界的问题。其实，整个世界从古代走向现代的历史，也都是走向世界的历史。他还多次谈到，中国文化的传承能力很强，而传承能力强便意味着保守能力强，不容易接受外来的东西。另外，中国拥有14亿多人口，人口多则体量大。体量越大的物体惯性越大，做出改变的困难也就会越大。虽然过程比较艰巨，但"今天的我们依然要走向世界"。

美国学者托马斯·弗里德曼在《世界是平的》中指出，当今的世界是越小越平，各国都被牢牢拴在全球化的链条中。锺叔河也表达过类似的观点，他为《走向世界丛书》（续编）作序时说："现代人走向世界，首先要使自己成为能接受全球文明，有世界知识，有世界眼光，有世界理想的人……如郭嵩焘、黄遵宪……又如邹代钧、金绍城……

他们看到的新技术还是德律风（送话器和最早的手摇电话机）、火轮车（蒸汽机车）……我们如今却已经用上了智能手机、坐上了波音飞机……但在思想层面上，我（不敢称我们）反省自己的世界眼光和世界理想，甚至在世界知识的某些方面，比起一个多世纪以前的郭、黄他们来，差距实在还不小。"走向世界远没有结束，还在艰难地进行。

"经过了那么多挫折，还能保持这种通世故又非常天真、非常有性格的一面，好像没有太多苦难的感觉。"在访谈节目《十三邀：锺叔河》中，作家许知远对锺叔河如是评价。

锺叔河从事图书出版的岁月并不长，但他一生的时间都倾注于读书、编书、写书。"如果时间还允许……"锺叔河说，他计划完成一部个人自传，还想将40多位师友给他写的几百封信结集成书。与当年坚持出版《走向世界丛书》和周作人、曾国藩的作品一样，他认为这些书信有文学价值、文化价值，还有史料价值，值得出版。他仍然有一种紧迫感，不希望有价值的作品被淹没。

在锺叔河的作品中，我们可以看到，他关心人的价值、国家的命运，关心思想和文化的传承。他说，写书的人，编书的人，还有出版的人，眼睛应该望着渴望文明进步的读者，望着历史前进的方向。他也一直以此为使命。

"万卷纵观当具眼。"锺叔河一生爱读书，能发现和懂得书的价值；一生爱编书，有编好书的眼光、品位，也有编好书的勇气、担当。他说："好的书或多或少能起到启蒙的作用。庄子云，'日月出矣，而爝火不息，其于光也，不亦难乎？'我发出的光和热甚至还不及爝火，但我编的书，我写的文章，我进行的一点研究，总可以发出一点微弱之光，投射在人们摸索前进的道路上。就算它能起的作用再小，再微不足道，至少总是无伤乎日月之明的吧。"

朱 正

心中自有本业

执笔人——**余孟孟**

朱正

鲁迅是 20 世纪中国文化史上的丰碑式人物。进入 21 世纪以来，鲁迅研究或者说"鲁迅学"依然热度不减。放眼整个中国的人文研究领域，"鲁迅研究界"可谓阵营壮观、名家辈出、成果丰硕。根据鲁迅研究专家、南京大学中文系教授王彬彬的观察，中国的鲁迅研究，主体在大学和专门的研究机构，但供职于出版社的业余研究者，有几位也成就卓著。王彬彬教授举出了几个名字，第一个就是湖南出版界的朱正先生。

1956 年，时年 25 岁的朱正在作家出版社出版了《鲁迅传略》一书。这是朱正关于鲁迅研究的开始，也是他学术生涯的起点。一年之后，朱正被划为右派。从此，鲁迅研究和反右派斗争史研究便成为贯穿朱正一生的学术研究题目，并且均取得了让学术界无法忽视的成就。朱正说："写鲁迅是我的兴趣，写'反右'是我的责任。"虽然朱正在这两个学术领域的研究开始得比较早，但真正取得成就、产生影响还是在他成为一名编辑之后，或者说，编辑这个职业与身份，是作家朱正和学者朱正的底色与本业。

作为编辑家的朱正，其职业生涯与鲁迅产生密切联系，是从参与编辑《鲁迅全集》和负责"鲁迅研究编辑室"开始的。1979年，刚成为出版社编辑的朱正，趁着出版一批有关鲁迅研究书籍的机会，出版了自己的《鲁迅回忆录正误》。这本朱正既是作者又是编者的书籍出版之后，受到鲁迅研究同行们的关注，并且成为此后鲁迅传记写作者的必备参考书。

尤其值得一提的是，时任中央政治局委员、国务院学位委员会主任委员的胡乔木于1984年在就《关于筹办编辑专业的报告》给教育部的复信里推荐了几本编辑专业的参考书，其中包括朱正的《鲁迅回忆录正误》。信中说："编辑学在中国确无此种书籍（编辑之为学，非一般基础课学得好即能胜任，此点姑不置论）。有一些近似编辑回忆、编辑经验一类的书籍，如鲁迅、茅盾、叶圣陶、韬奋的部分著作和一些老报人的回忆里就有这样一些资料；近年出的《书叶集》（花城出版社）和《鲁迅回忆录正误》（湖南人民出版社），以及前些年出的《重庆新华日报回忆录》、商务印书馆回忆录、三联书店纪念录等，亦可资参考之用。"后来，李锐和丁东交谈时，也谈到了胡乔木的这个意见："编辑都要读朱正的书。朱正的《鲁迅回忆录正误》，把许广平的错误都指出来了，因为她的《鲁迅回忆录》是根据政治需要写的，不符合历史事实，让朱正给纠正了，他能够纠正许广平，很了不起。"成为图书编辑的第一年出版的书籍，竟然就被胡乔木和李锐推荐为编辑专业的参考书，这对朱正来说，真可谓"出道即巅峰"。

从爱阅读到迷鲁迅

1931年11月16日（农历十月初七），朱正出生在湖南长沙东长街（今蔡锷路）。今天我们熟知的"朱正"这个名字，其实并非他的原名。

中国古人给孩子取名有个说法："女诗经，男楚辞，文论语，武周易。"实际取名时未必如此绝对，但引经据典的确是中国人给孩子取名的传统和风尚。朱正在朱家属"家"字辈，祖父最初给他取的辈名是"家骏"，名字是"学古"。"家骏"寓意将来能成为家族的千里驹，这个名字只是在幼稚园用过，家里一直用的名字是"学古"。"学古"的出处是《论语》："子曰：'古之学者为己，今之学者为人。'"祖父希望这个孩子将来能学习"古之学者"，致力于自内而外的修养，知行合一，成就君子之学。

朱正在入小学时，总是写不好自己的名字。"學"字笔画多，他虽然练习了很多次，能够写完整这个字了，但写得很大，无法挤到一个格子里。祖父想了一个变通之法：长沙方言中"正"字与"骏"字读音相似，且简单易写，就选定了"正"字。于是，"朱正"这个名字便用到今天，"学古"这个本名反而知者甚少。

后来，朱正的名字虽然没有改回"学古"，但祖父应该也是欣慰的，因为"正"字也如"学古"一样出自圣贤的教导。孔子说："其身正，不令而行；其身不正，虽令不从。"还说："不能正其身，如正人何？"一个"正"字蕴含着圣人教诲的精髓。纵观朱正一生的为人为学，还真是只有这个"正"字可以很好地概括。方正、端正、正直、正气，都是朱正身上最为鲜明的性格气质。

《1957年的夏季：从百家争鸣到两家争鸣》书影及手稿

颇为有趣的是，从《鲁迅回忆录正误》到《1957年的夏季：从百家争鸣到两家争鸣》，再到《当代学人精品·朱正卷》，朱正一生都致力于"使其正"的事业，为文字正误，为学术正误，为历史正误。也许，人的姓名与性格、命运之间确实存在着某种说不清道不明的关联。

朱正虽然出生在湖南长沙，但他从小便被告知自己的老家在安徽歙县。大概是清朝中叶，朱正的远祖来到湖南做官，客死湖南后，家眷无力返回故乡，便留在了湖南。朱正的祖父、父亲都不曾回过安徽，朱正在1996年曾和李锐、邵燕祥等一起游览黄山，参观徽文化的发源地歙县的一些古民居，但他不清楚朱家祖居的具体位置。朱正很早就听说，他们家是朱熹朱文公的子孙。朱熹是江西婺源人，后来有一支子孙迁到了歙县。但朱正从未借朱文公的名头炫耀过，因为他不知道"那说法是真的还是出于认个名人做祖宗的陋俗"。朱正还说："我是不是名人之后已无从考证，就算是又如何呢？古往今来名人之后不成才的不少，据我所见，越是拿祖宗来吹牛的越不成才。"这真是智者之言。朱正虽然如此看、如此说，但"朱熹之后"这个"影子"应该在潜意识中给了朱正跨越时空的文化使命感和责任感，使他觉得做学问不再只是自己立身的事，更是为往圣继绝学的事。

"名人之后"这件事虽无从考证，但可以确证的是，朱正出生在一个有文化的大家庭。朱正最初听到的那种拉长声调的吟诵，就来自祖父。朱正的父亲和母亲也是有文化的人。父亲毕业于职业学校会计专业，是湖南省中山图书馆的会计。母亲不曾进过书塾或学校，但能背诵《增广贤文》《幼学琼林》中的许多段落，还懂得不少诗词。朱正入学之前，母亲就教他念李煜的"帘外雨潺潺，春意阑珊"。"这首词大约由谁谱了曲，母亲唱给我听过，这是我所读的第一首词。"朱正说。

儿时的朱正有很多玩具，他最喜欢的却是阅读。由于父亲在图书

朱正的父亲和母亲

馆工作，所以跟很多书店有业务往来，也交了一些朋友。大约是在朱正四岁生日的时候，商务印书馆长沙分店经理送来一份厚礼：他们新出的《幼童文库》一部，共200册，本子较薄，每页都有图画。朱正非常喜欢这套书，天天看。比朱正小一岁半的妹妹也想看这书，朱正怕她弄坏，只许她看不许她摸，还给她定了一条规矩：把手放在背后同自己一起看。

朱正在楚怡小学读书时，正是抗日战争时期。有一天，他正在上学，突然听到巨大的飞机轰鸣声，接着是投弹声和爆炸声。长沙城不安全了。父亲一人留下，母亲带着朱正和三个妹妹搬到长沙城外20里的乡下，租住在一个农户家。无法上学，母亲便在家里教朱正识字。也就在那里，一天晚上，隔着山峦，朱正和很多人一起看到远远的长沙城方向天空通红，那是"文夕大火"。

因为"文夕大火"，中山图书馆的业务停顿了，父亲失业，只得重新求职。正巧有一个机会。当时湖南省政府主席薛岳兼任第九战区司令长官，他将司令部设在长沙，将省政府设在耒阳。耒阳成了战时省会，搬来很多机关。职员多了，难民多了，省政府决定在耒阳筹建一所省立中正医院，有个朋友推荐朱正的父亲去担任会计主任。父亲在耒阳安顿好后，便写信让全家人去耒阳。

在耒阳，朱正插班进省立第十一中学附属小学，读四年二期。正值少年的朱正有股子侠义之气，他和两个亲近的同学学着桃园三结义的样子，在耒水河边的沙滩上跪成一排，对天盟誓，说了些"有官同做、有马同骑、有福同享、有祸同担"的誓言。

同样在耒阳，朱正的作家梦被点燃了。他在同学那里看到两份刊物，很感兴趣，便请父亲给他各订了一份。一份是浙江某地出版的《中国儿童时报》，另一份是桂林出版的黄庆云编的《新儿童》半月刊。特别是《新儿童》杂志,朱正发现它刊登了一些儿童的投稿,就手痒起来,也寄去一篇,居然发表了,还得了奖,奖品是许地山的《萤灯》。"这是我的姓名第一次用铅字印在'书'上,"朱正说,"这一经历使我颇受鼓舞,暗暗以作家自居。"

在耒阳期间,朱正从小学毕业升入了省立第十一中学。战事很快向南蔓延,衡阳失守,耒阳也遭到攻击,朱正一家随众人一起逃难,开始了一年多流离转徙的生活。在蓝山县的时候,抗战胜利了,要回长沙,因为被战争破坏的粤汉铁路没有修复,一家人的脚步只得暂时停在了郴县(今郴州市苏仙区)。在郴县,朱正插班进广德中学读二年二期,在第二十四班。正是在广德中学,朱正第一次知道了鲁迅,迷上了鲁迅的作品。

这主要得益于当时的国文教员萧鸿澍老师。在朱正的记忆中,这位萧老师讲课极为风趣,同学们都很喜欢他。萧老师上课绝不照本宣科,也不拘泥于课程内容,而是拓展很多学生感兴趣的知识。对于当时的内战,萧老师明显同情共产党一方。毛泽东的《沁园春·雪》刚刚在重庆的报纸上刊出,他便把这首词抄在黑板上逐句讲解。在开讲之前,他跟朱正这帮学生约定:如果校长来了,我就说这首词不好。那时说的,是说给校长听的,你们就不要听。

萧鸿澍老师对朱正最大的影响还是关于鲁迅。"萧老师讲《阿Q正传》,一讲就是一节课,"朱正说,"我是从他这里才知道有一个鲁迅,才开始对鲁迅的作品产生了浓厚的兴趣。"朱正最初读到的鲁迅的书,也是萧老师借给他的,比如《呐喊》《彷徨》《野草》等,朱正一本接一本地读,越读越有兴趣。

朱正喜欢萧鸿澍老师,萧老师也看重朱正这个学生。朱正每次的作文,萧老师都批改得很仔细。有一次的评语是:"文好而字坏,可惜!"

还有一次,萧老师对每个学生都评说了几句。轮到朱正时,萧老师说:"朱正日后会是情书圣手。"这个评语让14岁的朱正非常诧异,因为他此前从未写过情书。当时,班上有一个长朱正几岁的同学正与外校一个女生谈恋爱,他听了萧老师的点评,便请朱正为他捉刀写情书。每拟一回信稿,他就请朱正到小面馆去吃一碗面。"这可以算是我以文字作为衣食来源的最早记录了,"朱正说,"现在想来,萧老师的评语未必就对。"虽然朱正说自己当时的文章并非"笔锋常带感情"的那种,但萧老师对朱正作文潜力的认可与赞赏,确实给了朱正极大的鼓励和信心。朱正开始走近鲁迅,走近文学,走近学术。

1947年春至1949年秋,朱正在长沙长郡中学念高中。长郡三年,朱正读了很多课外书籍和报刊,印象最深的是开明书店出版的《中学生》和《开明少年》两种月刊。因为是自取订户,朱正每次要凭自取证到开明书店长沙分店去取新到的杂志。朱正是急性子,常常是新刊未到,他就去问过几回了。由于常去店里看书买书,他渐渐和分店的人熟识起来,甚至成为朋友了。朱正在1948年7月的日记中写道:"我很感谢开明书店长沙分店的诸先生,他们不但借书给我看,而且说,不妨仔细看,慢点还。"在朱正当年的日记中,还有很多关于跑书店、跟人借钱买书的记载,甚至还记录了为买书偷父亲钱的事情。

当时对朱正影响比较大的书刊还有:《开明青年丛书》中夏丏尊、叶圣陶合著的几种,如《文心》《文章讲话》《阅读与写作》;生活书店的出版物,《读书与出版》月刊,《青年自学丛书》中的几种,如黎乃涵的《辛亥革命与袁世凯》等。这些书刊使朱正拓宽了文化视野、增长了知识学问、提升了思想水平。

当然,朱正最感兴趣、用力最多的还是鲁迅的作品。书店里有不少战时在重庆用土纸印刷的鲁迅作品单行本，很便宜，朱正见一本买一本，几乎全部买齐，也全部读完。因此，朱正觉得自己已经很了解鲁迅的生平和事业，给鲁迅写传记的念头便起来了。他在1947年7月13日的日记中这样写道：

下午，到开明书店借了二书，一《鲁迅传》，二《鲁迅事迹考》。今天读完了小田岳夫著、范泉译的《鲁迅传》，约九万四千字。不大出色。虽然这以前我并没有读过任何一本鲁迅传，可是这书所说的一些我大都晓得的。它对我的功劳只是作了一番整理。

第二天的日记是这样的：

今天读完了一本林辰著的《鲁迅事迹考》，约八万字，还好。今天写了一则八百字的短文，题曰《惜别》。

一个不满18岁的中学生何以对正式出版的书籍作出"不大出色""还好"这样的评价？那时的朱正能够如此，且自己动手试写了一节鲁迅的事迹，这份底气大概来自两个方面：一方面是他已经全部阅读完了鲁迅的著作，对鲁迅的生平和思想情况有了比较全面而具体的把握；另一方面，朱正在当时的《湖南日报》《中央日报》《实践晚报》《开明少年》《中学生》等报刊上发表了一些文章，已经具备了一定的文字功底和表达水平。这份中学时代的"莽撞"与勇气，成为朱正后来从事鲁迅研究工作、策划编辑鲁迅研究著作的先声。

《鲁迅传略》的出版和为许广平的《鲁迅回忆录》纠错

1949年长沙解放,朱正至今还记得当时欢迎解放军的场面:他和长郡的同学组成欢迎队伍,站在当年最繁华的商业区八角亭司门口,唱的歌是:"天上太阳红呀红彤彤,心中的太阳是毛泽东。"湖南第一师范的队伍也唱这首歌,他们将歌词改成了"一师出了个毛泽东",显得非常自豪。

中华人民共和国成立后,朱正很想去报考"革大""军大"这些学校,但更令他心动的是另一个去处:新华分社和新湖南报社联合办的新闻干部训练班,简称"新干班"。几年来因为投稿的缘故,朱正和报社的编辑有了一些接触,他对编辑这个职业非常神往。新干班不公开招生,要党员介绍才能报名,朱正便找了两个党员做介绍,积极地报了名。那张报名登记表朱正保留至今。其中有一些项目是这样填写的:

读过些什么进步书报:《大众哲学》《整风文献》《马克思主义与文艺》《政治经济学大纲》《二千年间》《思想方法论初步》《历史唯物论浅说》《鲁迅三十年集》,毛主席诸著作等。

对目前政治的认识:在中国,人民力量在基本上已经击溃了蒋介石……

通过了笔试、口试,朱正如愿以偿,去新干班报到了。新干班为期两个月,学习内容主要有各种政策、报纸业务,还要在小组内交代本人政治历史和社会关系。教材比较简单,只有两本《新闻工作手册》,

里面是陆定一、胡乔木等人的文章，还有延安《解放日报》的一些社论，其余功课没有资料，上课时要边听边记。朱正的笔记是记得最好的，比较详细，重要内容几乎都没有遗漏，所以经常有同学向他借阅笔记。

　　从新干班结业后，朱正被分配到新湖南报社读者服务编辑室工作，主要任务是拆阅编辑室收到的所有来信，再根据其内容分送给相关同事去处理。那时候百废待兴，新闻媒体领域也处于探索期，仅仅一年内，朱正先后被调往新华社郴州分社、中共桂阳县委会、湖南工人报社、长沙人民广播电台等单位。虽然工作单位不稳定，但朱正始终不忘自己动笔写稿和思考新闻编辑业务。比如，在郴州的几个月，他写了两篇文章，且在报纸上公开发表。

　　1952年10月，朱正被调回新湖南报社。然而，在1955年的肃反运动中，他就受到冲击。到肃反运动后期，他被要求不能出报社大门，但他心中一直没有放弃构思已久的《鲁迅传略》。正式动笔，是1956年2月11日晚上，那天正好是除夕，报社四楼大厅里正在举行盛大的舞会，悠扬的音乐不时传入朱正的耳朵里。他去报社的临时售货点买了点东西，胡乱吃了些，便动手写起书来。之所以选这个时间动笔，是因为有连续三天的春节假期，可以有足够的时间给书开个好头。因为腹稿已经很成熟了，即便无法回家查阅资料，朱正照样写得非常顺手。过了一个半月，即3月25日，初稿完成了。接着便是边改边抄。抄得最多的是五一节那天，从早晨起一直到下午4点，一口气竟抄了一万多字。又过了几天，整个书稿便抄写完了。

　　那时，每月20日，朱正的母亲会到报社来拿儿子的工资，5月20日，朱正便让母亲将书稿带出报社去投邮。在等待投邮的日子里，朱正找了些新的牛皮纸给书稿做了个封面，还添了一张两色的扉页。同时，他还仿照别的书籍的样子弄了一点简单的装饰性图案，用红笔在封面

在新湖南报社工作时的朱正

朱正（右一）和新干班同学毕业50年聚会合影

上画满大小不等的圆圈，只空出一小块地方，写上书名和作者姓名。

"就如同穷人家嫁女儿一样，总想尽力把书稿打扮得漂亮一些。"朱正说。当年12月，朱正收到了作家出版社出版的《鲁迅传略》10册样书，还有冯雪峰代表乙方盖章的出版合同以及1260元稿费。那时，朱正月薪只有57元。"这是我的第一本书，也是我头一回一次收入超过千元，"朱正说，"这真是一笔巨款。"当时的朱正，只有25岁。

《鲁迅传略》这本书能如此顺利出版，朱正分析主要原因有两个：一是时机，因为要赶鲁迅逝世20周年大规模的纪念活动；二是内容，适应了当时意识形态的要求，书稿几乎一处不漏地引用了毛泽东对鲁迅的直接论述，大段引录了瞿秋白的《〈鲁迅杂感选集〉序言》，还照搬了当时《人民日报》《文艺报》等主流媒体关于鲁迅的评论。

对于《鲁迅传略》，朱正后来一直认为这本书"完全没有写好"，是"粗疏肤浅"的，因为它从书名到体例都模仿苏联外文局出版的《斯大林传略》，"完全是一本人云亦云、绝无自己见解的书"。这本书令他"深觉惭愧"。尽管如此，《鲁迅传略》的写作和出版，确实磨炼了朱正，提升了他的研究能力和写作水平，成为朱正学术生涯的起点。

因为《鲁迅传略》的出版，湖南省文联开始通知朱正去开会，一些创办文学社的事也邀请朱正参加。不过那时的朱正，更大的兴趣是创办一本少年儿童的期刊。早年《开明少年》给朱正留下良好印象，让他也想办一个那样的刊物。当朱正用赚来的1000多元稿费和几个朋友计划结社创刊、好好干一番事业的时候，反右派斗争中止了这一切设想。

1958年4月下旬，新湖南报社召开全社大会，宣布了对右派的处理。朱正被送到株洲湖南新生工程队劳动教养，做重体力活，主要任务是挑土。朱正自小没做过重活，挑土一两天，肩上的皮肤就被磨破，接着化脓，脓血干结，把汗衫粘在肩上脱不下来。即使在如此艰难的处境下，朱正依然一有空闲就找书报来读。

更为重要的是，朱正一生坚持的两大学术研究题目——反右派斗争史研究和鲁迅研究，正是在这样艰难困苦的经历中萌生和确定下来的。反右派斗争史这个研究题目，是源于朱正被划为右派之后反复思考的问题：这是为什么？这个历史事件为什么会出现？他越想越清楚、越想越深刻，40年之后，他出版的多部研究专著便是明证。

关于鲁迅研究，则不得不提到朱正的一段奇遇，它最终促成了《鲁迅回忆录正误》一书。和朱正同在一个小组劳动的董树楠先生，原是长沙某中等专科学校的语文教师。他订阅了一份《新观察》半月刊，该刊从1960年2月开始连载许广平的《鲁迅回忆录》。董老师看过之后就将杂志送给朱正。许广平写的每一篇文章朱正都仔仔细细、一字不落地读，希望能发现一些新材料。可是，一篇篇地看过之后，朱正却失望了。"其中新材料并不多，"朱正说，"新议论又大多是些武断和曲说。"这本在朱正看来有着许多错误的《鲁迅回忆录》，便成了朱正的研究对象。后来，朱正把他发现的错误逐一加以考证，写成文章。这就是《鲁迅回忆录正误》的开始。在这里，朱正不只是一个认真探求史实真相的读者，更是在扮演一个纠误改错的编辑。

今天的职业编辑如果发现作者文稿中有有待商榷甚至错误的地方，一定会联系作者与其沟通。事实上，朱正也这样做了。

1962年底，朱正回到长沙，工作不好找，空闲时间不是待在家里看书，就是外出访友。他也经常去书店看看，偶尔买几本书。有一次，朱正在书店发现他在《新观察》上看过的许广平的《鲁迅回忆录》出了单行本，便买了一本回家仔细阅读，他认为有毛病的地方似乎并没有改动。于是，朱正便给许广平写了一封信，指出她书中有的内容与事实

《鲁迅传略》书影

不符,并简单陈述了几个理由,希望此书重印的时候能够纠正误说。不久,许广平的回信来了,很简单的几行,大意是:来信收到,你说得有道理,不过你是根据文献资料说话,我是根据亲身经历回忆的,我不准备修改此书。

朱正很纳闷:既然承认修改意见有道理,为什么又以亲身经历为由不纠正误说呢?朱正觉得,可能是自己的那封短信太过简单,说服力不够,此后他便针对书中的问题,一篇一篇地写起考证文章来。

1967年1月,已经36岁的朱正和郑柏龄结婚,生活稍微安定下来。这年底,他们的第一个儿子朱晓出生,隔一年女儿朱晴出生。按理说,夫妻和睦,有儿有女,应该是享受温馨欢乐的家庭生活的时候,可是"文化大革命"让生活的小船在风浪中摇摆,他们只能在穷困匮乏、紧张高压的日子中苦挨。

有一天,趁孩子不在身旁,郑柏龄沉默了好一阵,认真而平静地对朱正说:"这日子是过不出来了,我们一起去死算了吧!"这话让朱正大吃一惊,显然妻子已经存了这个念头了。上有父母要赡养,下有子女要抚育,怎可一死了之?必须说服妻子,让她有活下去的勇气。朱正坚定地对妻子说:"为什么要寻死呢?我就不信我们挺不过来,这日子总会好的。"朱正的信心,给了妻子一些希望,也为面对即将到来的更大的困境做了心理铺垫。1970年他被送到茶陵洣江农场劳动改造。在那里,朱正除了每天出工采茶,还被安排干一些诸如办展览、搞宣传、整理书刊之类的轻松活儿。

采茶的要领是一芽三叶,即三片嫩叶包着一个新发的芽头。按照规定只能采鲜叶,但大家基本不遵守规定,多数是一把抓,嫩叶老叶都抓下来,收工的时候再排队去过秤。朱正老实,他严格执行规定,因此动作就慢,半天采不到几两鲜叶。有一次,他在排队等过秤,队长讥笑他:"你就那几片茶叶，还过什么秤。你倒到篓子里再去采些吧。你呀，今天的饭钱也没采回来！"虽然朱正心里明白大家都是怎么做的，但他不说破，也不反驳队长。

朱正如此老实认真，一个农民很为他着急，说："你这样劳动不行，将来回去你怎么生活啊！"他便帮朱正做未来职业规划：你最好去养鹅，因为鹅自己会找草吃，你只要跟着它走就行了，不费力。他说这话并不是挖苦朱正，因为他说得很认真，还帮朱正算养几只鹅能维持生计，给朱正讲养鹅的要领。他并不知道，城市里没有适合养鹅的环境。朱正同样不说破、不反驳，但从内心深处感激他的关心。

1973年10月，朱正回了长沙。休息了半个月后，他找了一份测量的工作，一干便是五年。作为测量工，朱正的主要任务是跑尺，他背着五米长的塔尺满山跑，以供仪器观测使用。朱正很满意这份工作，不仅因为收入稳定，外出测量有津贴，还因为这份工作体力与脑力相结合，有利于健康。

生活安定下来之后，朱正又研究起鲁迅来了。

他打听到著名文艺理论家、鲁迅的朋友冯雪峰的通信地址，便写了封信寄去，问他愿不愿意看看自己关于鲁迅研究的稿子。很快，冯雪峰回信了。读到复信，朱正心里又高兴又沉重。高兴的是，冯先生愿意看他的稿子；沉重的是，冯先生得了肺癌，将不久于人世。那时的朱正是矛盾的。他一方面希望冯先生能安心养病，另一方面又知道这是他向冯先生讨教的最后机会。而冯先生在信中也表示希望能看到朱正关于鲁迅研究的新成果。朱正便立即着手重写关于许广平《鲁迅回忆录》中错误的考证文章，因为原来写的相关文章在"文化大革命"中遗失了。这次，他花了一个多月时间重写了七篇文章寄给冯雪峰。冯雪峰抱病审阅了这些稿子。在回信中，冯雪峰充分肯定朱正"做了对于研究鲁迅十分有用的工作"，但同时也对他文字表述的"口吻""很不以为然"。冯雪峰在信中说：

你确凿地指出了许先生的这些不符合事实的地方，这指正本身已很有说服力，正用不到"论战"的以至"谴责"的口吻和锋芒的词句。而且一方面，我想我只要一提，你就会感到，在这种口吻中又流露了你的似乎压制不住的骄傲，这是我觉得更加值得你注意一下的。

在这里，不得不佩服冯雪峰的敏锐与宽厚。说敏锐，是他仅凭文字就判断出朱正是一个内心骄傲的人；说宽厚，是他能以长者的身份给朱正以提醒，且寄予一定的厚望。

冯雪峰在回信中还要朱正将文稿"认真改一改"，改好后再寄给他。但当朱正将修改后的稿子于1976年2月2日寄出，冯雪峰已无法再见到这些稿子了，因为他已经于3天前去世。这个消息最初是人民文学出版社的孙用在信中告诉朱正的。孙用是鲁迅研究室的顾问，他受冯雪峰的委托，寄还《鲁迅回忆录正误》的稿子，同时也写了一封短信给朱正，告诉他退稿的基本情况。

冯雪峰在北京的追悼会，朱正想方设法、克服重重困难坐火车去参加了，在冯先生的灵前表达了自己的哀思。从北京回长沙以后，朱正便经常向孙用讨教。"孙先生对我不但有求必应，而且许多我根本不知道的材料他都源源不断给我寄来，"朱正说，"他不只自己经常不断地给我寄信、寄书、寄资料，还把我那本《鲁迅回忆录正误》稿本介绍给唐弢、黄源等同志。"

1981年，人民文学出版社准备在鲁迅百岁诞辰时出版新的《鲁迅全集》。出版社先按照原来的单行本分别出版征求意见本，因为是红色封皮，又被称为"红皮本"，这个红皮本主要用于向各方征求关于新版注释的意见，然后再由出版社汇总意见。"大约因为先是冯雪峰后是孙用的介绍，红皮本每出一种，出版社就寄一本来给我，"朱正说，"我认真写出自己的意见再寄给出版社。"这样，朱正便同人民文学出版社鲁迅著作编辑室主任王仰晨建立了直接的联系。

有时候，朱正正要外出测量，红皮本恰好寄到，他就把书带到工地上看。有一回，有位同事觉得奇怪：出来测量，看鲁迅著作干什么？朱正没有同他解释。朱正总觉得，"这才是我的本业"。

"鲁编室"的大动作

视鲁迅研究为本业的朱正，虽然遭遇了 20 余年的坎坷，但他一直不松懈、不放弃的学术态度，让他在年近五十时获得了编辑鲁迅研究作品和鲁迅著作的机会与平台。

1978 年，右派问题有了一点松动。到 1979 年，报纸上经常可以看到一些单位改正右派的情况。朱正受到鼓舞，也积极联系自己平反的事。这时，朱正经表哥介绍，和湖南人民出版社副社长柳思建立了联系。柳思要看朱正写的《鲁迅回忆录正误》，朱正便送了过去。柳思看过后将稿子给了时任湖南省出版局局长胡真看。这时候，李冰封的右派问题已经改正，在出版系统工作，他主张暂且不考虑朱正的改正问题，先把《鲁迅回忆录正误》印出来。于是，朱正就以作者身份坐在湖南人民出版社改稿子。1979 年 3 月，朱正的原单位湖南日报社宣布改正朱正的右派问题时，朱正已经在出版社工作一个多月了。等到工作关系正式调到出版系统后，朱正的身份便由社外的作者变成社内的编辑，具体干的还是处理自己的书稿。

有一天，胡真来找朱正谈话，说准备建立鲁迅研究编辑室，他想让朱正负责这个编辑室。胡真还说，希望在朱正的带领和努力下，湖南能成为出版鲁迅研究书籍的一个中心。

受命之后，朱正便开始与编辑室的另外两位同事积极筹划。朱正想，这个编辑室要产生影响，就必须首先编发一些有分量的书稿。这个想法得到时任湖南人民出版社副社长李冰封的支持，他们便去北京、天津等地组稿了。

因为之前的交情，一到北京，朱正一行便去拜访孙用先生。孙先生不顾77岁的高龄，陪他们挤公共汽车，带他们拜访楼适夷、唐弢和戈宝权并约稿。"戈家住在六楼，孙先生也陪着我们爬楼梯，"朱正说，"那情形至今想起仍令人感动。"在北京，他们还拜访了冯雪峰的儿子冯夏熊，约他将冯雪峰有关鲁迅的文章编本集子。离开北京，他们又先后去天津和上海组稿。这一圈跑下来，收获颇丰，鲁迅研究编辑室便有了第一批发稿的四本书。

第一本是冯雪峰的论文集《鲁迅的文学道路》，冯夏熊编。冯雪峰有不少文章在杂志上刊发后还没来得及编集子，这一次都编入了这本书。另外，1956年李冰封在中共中央高级党校新闻班学习时听过冯雪峰讲《鲁迅的政论活动》，他把讲课记录稿给了朱正。朱正同冯夏熊合作，稍加整理后也编入这本书了。

第二本是唐弢的《鲁迅——文化新军的旗手》。这原是唐弢主编的《中国现代文学史》中关于鲁迅的两章，因为朱正约稿，便抽出来单独印成一册。

第三本是《我心中的鲁迅》，收录的是周建人、茅盾、冯雪峰、丁玲、萧军等人的回忆文章。值得一提的是，茅盾的一篇文章写于"文化大革命"期间，一些提法和用语带着那个时代特有的烙印。朱正判断，历史已经过去，茅盾未必愿意在文章中留下那些痕迹，他便以编辑室的名义给茅盾写信。茅盾的态度果然如朱正所料，很快对文章做了详细修改。

第四本便是朱正自己的《鲁迅回忆录正误》一书。

朱正意识到，关于鲁迅研究，还有很多篇幅不大的好文章无法编成书，但也应该给这些文章一个呈现的园地，于是有了《鲁迅研究文丛》。这个文丛前后共出四辑，成为鲁迅研究的重要参考资料。

1981年，朱正（中）受延边大学中文系邀请赴东北讲鲁迅研究

《鲁迅回忆录正误》第一至第五版书影

这期间，有一件事特别能体现朱正的勇气和担当精神。在编辑《鲁迅研究文丛》第一辑时，有一篇文章是人民文学出版社"鲁编室"编辑陈早春写的《杜荃是谁？》（署名史索），论证了1928年那篇署名"杜荃"，骂鲁迅是"封建余孽"的文章是郭沫若写的。这件事在文学界知道的人不少，但1956年出版《鲁迅全集》时，为贤者讳，未予以注明，准备在1981年鲁迅百年诞辰时推出的新版《鲁迅全集》中注出。陈早春的文章详细说明了这个注的根据。朱正认为这是一篇很有分量的文章，把它编入《鲁迅研究文丛》。

鲁迅研究编辑室在朱正手上前后出了三十来种书，朱正自己的鲁迅研究作品，除了《鲁迅回忆录正误》，《鲁迅手稿管窥》也出版了。当时，在全国出版社中，出版有关鲁迅研究的书籍，湖南算最多的，一时引起了学术界和出版界的关注。

当时的"鲁编室"其实有两家，除了湖南人民出版社的"鲁迅研究编辑室"，还有一家更有名，那就是人民文学出版社的鲁迅著作编辑室。鉴于朱正在鲁迅著作研究方面的功底和成绩，人民文学出版社的"鲁编室"向朱正抛出了橄榄枝，向湖南省出版局借调朱正到北京参加新版《鲁迅全集》的编注工作。

新版《鲁迅全集》是1981年9月25日鲁迅百岁诞辰的献礼，时间紧，任务重，人民文学出版社便从全国各地借调很多人参加这项工作，如上海的郭豫适、陈子善、王自立、包子衍、王锡荣，东北的蒋锡金、陈琼芝，厦门的应锦襄、庄钟庆等，湖南的就是朱正。

1980年2月初，朱正到人民文学出版社"鲁编室"报到，被安排做《鲁迅全集》第六卷的编辑。"这对于我其实是一样的，不论叫我做哪一卷，我都得一面学一面做。"朱正说。几个月后，第六卷交了稿，还有一点时间，"鲁编室"主任王仰晨让朱正把《译文序跋集》接过来。

这本书原由孙用负责,他已经做了大量工作,但孙先生老年性白内障越来越严重,阅读书写困难,只好让朱正去完成之后的工作。

在与孙用的多次交流中,朱正真切地感受到他是一位学识渊博且宽厚谦逊的长者。孙先生的谦逊,尤其令朱正印象深刻。《译文序跋集》中有一篇文章提到了孙用,朱正加注时便照抄《集外集》里《通讯》一篇中现成的注文:"孙用,原名卜成中,浙江杭州人,翻译家。"孙用看后,不同意这样写,他自己动手把"翻译家"改为"当时是杭州邮局职员,业余从事翻译工作"。

《鲁迅全集》的编注任务即将完成之际,从各地借调来的这些专家颇有一种盛筵难再的依依惜别之情。朱正当时想,能不能给他们这一段愉快而难忘的共事经历留一个纪念呢?便提议:仿照当年得到鲁迅支持的《文学百题》的先例,编一本《鲁迅研究百题》,约请参加了新版《鲁迅全集》编注和定稿的同事写稿。这些人在编注《鲁迅全集》时阅读、搜集了大量资料,做了大量调查和访问,但是注释《鲁迅全集》时,由于体例的关系,他们只能用最简省的文字表述相关材料。这些花费心力得来的材料和专家们提出的新见解,正好可以写成文章,编到《鲁迅研究百题》里。朱正的提议得到众人的积极响应。1981年11月,这本近600页的《鲁迅研究百题》在湖南人民出版社正式出版。

"在生产过程中,常常在获得主要产品之外,还可以得到副产品。"朱正说,《鲁迅研究百题》就是"一项大生产中的一项小小的副产品"。虽然只是一个"副产品",但反响却不错。正如林默涵在该书序言中所说的,这本书"虽非鸿篇巨制,却是探疑索逸、有会于心之作,读者们可以从这些点点滴滴中窥见大海的浩渺深沉"。新华社湖南分社记者刘春贤在《图书馆》杂志1984年第4期撰文说,《鲁迅研究百题》"不仅受到广大读者的欢迎,而且得到鲁迅研究和教学工作者的赞赏"。他还特别指出，这本书在文字风格上的创新，"使人耳目为之一新"。

在借调北京期间，朱正除了认真编注《鲁迅全集》，还利用空余时间拜访了一些知名作家，如丁玲、聂绀弩、楼适夷、唐弢等，为湖南"鲁编室"约稿。当然，在朱正心里，这期间拜访的最重要的一位，是李锐。

30多年前的1949年，朱正在湖南日报社工作时，社长正是李锐。1952年，李锐调往北京，他对朱正并没有留下多少印象。因此，当朱正敲开李锐的家门时，李锐的第一句话便是："你来找谁呀？"朱正介绍自己是当年新干班的学生。因为有共同的经历，有知识分子共有的独立思考精神，朱正和李锐有很多共同语言，他们彼此欣赏、相互亲近。李锐知道朱正单身一人借调在外，一到节假日便打电话邀请朱正去他家谈天吃饭，他们以自身遭遇为出发点，反思时代、反思历史、反思人性。

1982年8月，朱正将自己30多年的经历和思考写成一封长信寄给了李锐。时任中共中央组织部副部长的李锐读完信后认为，"在当代中国知识分子中，类似朱正这样经历和成绩的并不罕见，可以说有一定的代表性"，这些人虽"受到各种不公正待遇"，但是"穷且益坚，志不可夺，仍然执着于信念，执着于事业"。李锐把这封信推荐给组织部的内部刊物《组工通讯》全文刊发了。胡耀邦看到这封信后还作了批示，指出党组织应该主动去做平反冤假错案的工作。这封信随即在广大范围内引起强烈反响，特别是信的最后，朱正的呼吁引起很多人的共鸣。他说：

我想，在这一代知识分子中，我并不能算是怎样不幸的。至少现在，我还能向您倾诉这一切，我知道还有若干人，也遭受了或多或少的不公正待遇，可是还欲告无门……我希望，一切不公正，一切灾难，都到我为止……我更加希望不要无端地把一个人置于逆境之中。

应该是朱正的这封信对党进一步落实知识分子政策有助推之功，他被选为第六届全国人民代表大会代表。作为人大代表，朱正于1983年6月6日现场聆听了当年的《政府工作报告》。这篇报告分"过去五年的回顾"和"今后五年的主要任务"两大部分。朱正听了之后，觉得个别用语不妥，他性格中的认真因子与编辑的较真毛病一碰撞，便写了一封信请工作人员转交相关领导。信的大致内容是：×××是以上一届国务院总理身份来作报告的，在程序上说，不能以总理身份布置今后五年的工作；希望能够在文字上稍加修改。

朱正的这个意见被采纳了。后来正式发布的《政府工作报告》中，这一段是这样表述的：

本届国务院经过对过去五年工作、当前形势和面临问题的研究，认为对下届政府的工作需要提出以下建议，请大会予以审议。

今后五年政府的主要任务应该是……

因为扎实的文字功底、严谨的工作作风、突出的思辨能力，以及敢为人先的胆识，1985年10月，朱正被任命为湖南人民出版社总编辑。

1996年6月，朱正和李锐在黄山合影

《骆驼丛书》：大家小书的典范

做了总编辑的朱正，并没有一种如鱼得水的感觉，反而觉得自己"做得很苦"。朱正认为自己"编一点书，写一点文章"是可以胜任的，但并"没有管理方面的经验和才能"。其实，朱正是典型的研究型学者，为人处事严谨、规范、求真，有时却也容易得罪人。

有一回，有人把一些出版物上的序跋之类的文章复印下来，编成一部书稿，送来要求出版。朱正觉得书稿并没有出版价值，拒绝了。还有一次，有位当时知名度还不高的作者，在送来书稿的同时还附来一些报刊上复印下来的赞美他的材料。朱正将稿子交给编辑室审读，审读者的意见是"建议不出"。退稿之后，那位作者写了一封很长的信痛骂朱正。"老实说，他这信比他那书写得更有文采。"朱正说。

除了来自外界的压力，社内也常常会有一些令朱正不好应付的事，但是他总是尽己所能地处理好各方关系，同时努力把好编辑出版关。在这期间，朱正策划的一套《骆驼丛书》很值得一说。

有一天，朱正到著名史学家黎澍那里约稿。黎先生将一部题为《早岁》的书稿给他。书稿内容是回忆黎先生自己早年经历和交游的，书名应该是取自陆游诗"早岁那知世事艰"。朱正认为，这部书稿既是优美的散文，又是珍贵的史料。他想，这样只有六七万字的书，单独出一本，未必会引起读者注意，如果能多约一些像这样品位高、每册字数又不太多的书稿，编成一套丛书，应该是很有意义也很有意思的事情。

朱正的这个想法得到了黎澍的支持。谈到具体的约稿对象，黎先生告诉朱正：不久前杨绛先生应近代史研究所之约，写了《回忆我的

1984年，朱正（左一）与钱锺书（右二）、杨绛（左二）合影

《骆驼丛书》部分图书书影

父亲》和《回忆我的姑母》两篇文章，就值得编到丛书里去。那时，朱正还只读过杨绛的书，跟她不熟，怕要不到稿子。黎先生同钱锺书、杨绛两位先生有交情，很顺利地帮朱正要来了稿子。在朱正和杨绛先生直接联系讨论《回忆两篇》出版细节的时候，杨先生在信中问朱正，她还有《记钱锺书与〈围城〉》一稿，只有一万六千字，可不可以单独出一本。朱正很理解杨先生，知道她不愿意将写当时还健在的钱锺书的这篇文稿和前面写已经过世的父亲和姑母的两篇放在同一本书中。他立刻给杨先生回信，说"当然可以"。这样，杨绛先生的这两本书、黎澍先生的《早岁》，就成了《骆驼丛书》最早的三本书。

关于《骆驼丛书》这个名字的来历，朱正说，其实很偶然。有一次，他在李锐家做客，看到客厅里挂着一幅著名画家吴作人画的骆驼，骆驼的雄强有力让朱正眼前一亮，他心里便有了丛书名。

在一年多时间里，《骆驼丛书》一共出了二十多种。朱正说，现在回想起来，只说一说作者的阵容，也就足以使他这个编者自鸣得意了：杨绛（两本）、黎澍（两本）、李锐、曾彦修、舒芜（两本）、萧乾、荒芜、林锴、郑超麟、孙犁、黄裳（三本）、唐弢、锺叔河、周明、乐秀良等。

《骆驼丛书》中有一本书值得一提，那就是锺叔河的《千秋鉴借吾妻镜》。这本书的编入和出版，很能体现湖南两大编辑家朱正和锺叔河之间相互佩服、彼此欣赏的友情。正当《骆驼丛书》陆续出版的时候，好友锺叔河来找朱正商量：他给《走向世界丛书》写的那些叙论如果编成一个集子，是否适合放在《骆驼丛书》里。锺叔河的这个想法其实和朱正不谋而合。《走向世界丛书》汇集了晚清一些官员和知识分子在国外的见闻日记，具有很高的史学价值。而锺叔河给每一本写的叙论，大多是很有分量的力作，在学术界和出版界已经产生了一定的影响，是很值得结集出版的。

然而，朱正当时不得不考虑两个问题：其一，锺叔河与自己是几十年的好友，锺叔河进入湖南出版系统工作是朱正力荐的结果，出好友的书会不会遭到非议？其二，锺叔河也是出版社的编辑，如果其他编辑也来要求出自己的书，又当如何应对？琢磨一番后，朱正便给锺叔河出主意：请时任中共中央纪律检查委员会副书记、国务院古籍整理出版规划小组组长的李一氓写一篇序言。这对锺叔河而言并不是难事，因为李一氓对《走向世界丛书》评价很高，对锺叔河也非常器重。果然，李一氓的序言很快就寄来了。他在序言中说，《走向世界丛书》是"我近年来所见到的整理古文献中最富有思想性、科学性和创造性的一套丛书"，锺叔河"在每种书前，还精心地撰写了一篇对作者及其著作的详尽的述评"，文笔流畅，论断精当。有了李一氓的这篇序言，锺叔河的书纳入《骆驼丛书》便不怕有人来"找麻烦"了。

策划、约稿、编辑、出版这套《骆驼丛书》，朱正付出了很大的心血，还担任了其中好几种的责任编辑。这套丛书出版后，获得了知识界和出版界的好评。何新波就在1986年10月12日的《解放军报》上发文，称《骆驼丛书》是"文化百花园的一束鲜花"，"各分册卷幅不大，虽没有以史诗般的巨构对生活作全景式的表现，但它截取了生活的某一个横断面，把朴素凝练的叙述、热情奔放的抒情、精辟独到的政论融为一体，在平凡中见奇崛，在清淡中出深情，从而展示了一幅幅斑斓多彩的生活画卷"。

从"书人"到"学人"

1987年1月，交卸了总编辑职务的朱正，并没有多少失落，反而多了一份洒脱和自由。"从此，所有的时间都是我自己的了。"朱正说。

1993年2月25日，朱正得到国务院制发的"老干部离休荣誉证"，成了"法定老人"。然而，这之后的30年，朱正并没有休息，反而在阅读、写作和学术研究方面更加精进，撰写了20多本书，编辑了10多本书，发表了100余篇文章，真真是"老骥伏枥，志在千里"。

"闲居的日子，我改不掉随便翻书、东涂西抹的习惯。"朱正说，"平日里看书，有了点感触，就动笔写点文章。文章积多了，就编个集子。"离休两年后，朱正的第一本杂文集《留一点谜语给你猜》由上海远东出版社出版。这是陈思和、李辉策划的"火凤凰文库"中的一种。文库同时还收入了巴金、贾植芳、于光远、蓝翎等人的作品，是一套品位颇高的丛书。朱正有"求真瘾"和"考据癖"，收入这本集子的文章多由历史典故引开，颇有韵味。

1997年，朱正在东方出版中心出版了随笔集《思想的风景》。这是"当代中国学者随笔"中的一本。收入其中的还有邓云乡、周汝昌、舒芜、来新夏等学者的作品。从朱正这本书的自序中，很能看出他对自己的认知以及他在学问方面的苦心追求：

我不是学者。这不是故作谦挹之状，是真话。因为少年失学，十七八岁就到社会上混，中学都没有念完。二十多岁的时候报考过一回大学，又没有录取。如果说有什么知识，也大都是平日胡乱翻书中得来，也很驳杂。学问之道，是全谈不上的。填表的时候，学历这一栏还可以填"高中肄业"，专业这一栏就更不知道怎样填了，中学生有什么专业呢。我写过几本讲鲁迅的书，也许这可以算作我的专业吧。不过，如果问我自己的意愿，却还希望把范围稍稍扩大一点，还想研究一下近现代史方面的题目……

……有志于学问，像这样没有受过严格的系统的训练，不能不说是一种很大的缺陷。我就常常痛感到自己基本功的不足，认识到自学之不易成才，要想得到一点成果得付出比别人更多的力气。

《中庸》中说："人一能之，己百之；人十能之，己千之。果能此道矣，虽愚必明，虽柔必强。"朱正真是圣贤之言的践行者，更何况他本身就有才气，且性格坚韧。

在《思想的风景》之后，朱正又出版了一系列集子：《辫子、小脚及其它》《字纸篓》《文艺湘军百家文库·散文方阵·朱正卷》《门外诗话》《朱正书话》《序和跋》《那时多少豪杰》《中国有进步》等。虽然这些书都获得不同程度的好评，但在朱正心里，离休后这30多年，他最重要的写作成果还是反右派斗争史研究和鲁迅研究。

"反右派斗争史这个题目我早就想做了，"朱正说，"从1957年想起，想了几十年。"退休后，他终于有时间和精力了。1993年初的一天，朱正去看望邵燕祥，邵燕祥将自己刚写好的一篇关于反右派斗争的长文给朱正看。文章写得很好，但朱正认为，这样大一个事件，一万字的篇幅只能提出一些观点和做些分析。若要真正讲清楚，就要联系当时的史实来写，得写成一本专著。

邵燕祥很支持朱正的这个想法，他把许多重要的资料都借给了朱正。朱正果然说到做到，不负邵燕祥的期望，1993年这一年他从年头写到年尾，40万字的初稿写成了。

该书于1998年5月在河南人民出版社出版，书名为《1957年的夏季：从百家争鸣到两家争鸣》。这是朱正研究反右派斗争史的第一部专著，他是本着求真和求实的原则撰写该书的，正如他在书的后记中所说：

写作此书，我与其说像个著作家，不如说更像一个节目主持人。我把当年这些人物，不论被认为左派还是右派的，都一个一个请来，让他们走到前台，各自说各自的话。希望这样能够在一定程度上再现当年的场景。

图书出版后，一时颇受读书界的重视。席殊书屋评1998年的好书，文学类、非文学类各10本，《1957年的夏季：从百家争鸣到两家争鸣》便列入了非文学类之中。2023年6月3日，山东大学《文史哲》杂志主编王学典教授谈及朱正先生时脱口而出："朱正先生的《1957年的夏季：从百家争鸣到两家争鸣》一书，我印象非常深刻。"由此可见此书当年在知识分子群体中特别是在文史学者圈中的影响力。

《1957年的夏季：从百家争鸣到两家争鸣》一书出版后的20多年中，朱正又以极大的毅力和耐力，对该书进行了多次增补和修改，推出了另外4个版本。这部经过5次增订、超100万字的书，是朱正一生的心血，也是他以一个亲历者和研究者的身份对一段特殊历史进行求真与反思的见证。他在《右传：反右派斗争史》一书的后记中说：

朱正撰写并出版的鲁迅研究著作

2001年,《鲁迅全集》修订工作委员会特聘朱正为修订编辑委员会委员

我九十岁了，不能不服老。来日无多，这本书也无意再作修改，即使遇见新的史料也不再增补，我想以后总会有人接着做这个工作的。拜托拜托！老夫这厢有礼了。

"古有《左传》，今有《右传》。"92岁的朱正抱着两卷本、上百万字的《右传：反右派斗争史》说，"这部书是可以传世的，我有这个自信。和这部书比，我写的其他的书就都没那么重要了。"

其实，在研究反右派斗争史的同时，朱正并没有放弃鲁迅研究，甚至将与鲁迅研究有关的题目"做了个遍"。1998年11月，海南出版社出版了他编的《鲁迅书话》；2001年9月，浙江人民出版社出版其著作《鲁迅论集》；2003年9月，东方出版社出版其著作《周氏三兄弟：三兄弟的三种价值取向》；2006年10月，福建教育出版社出版其著作《鲁迅身后事》。2007年可谓朱正鲁迅研究的丰收年：1月，朱正和邵燕祥合作编写《重读鲁迅》，由东方出版社出版；11月，北京十月文艺出版社出版其著作《一个人的呐喊：鲁迅1881—1936》；11月，湖北人民出版社出版《鲁迅的一世纪——朱正谈鲁迅》，该书收录了朱正1980—2001年所写的20多篇谈鲁迅的文章。2010年7月，复旦大学出版社出版其著作《鲁迅三兄弟》；同年8月，东方出版中心出版其著作《鲁迅的人脉》。2015年6月，中华书局出版其著作《鲁迅的人际关系：从文化界教育界到政界军界》，在这本书中，朱正详细考证了鲁迅与陈独秀、傅斯年、邵洵美、周佛海、顾颉刚、郑振铎等人的交游旧事。

21世纪初，人民文学出版社出版新版《鲁迅全集》，再次邀请朱正担任编辑，并且将朱正聘为修订编辑委员会委员。2020年，朱正应岳麓书社之邀，精心编辑了一套四卷本的《鲁迅选集》。这套选集，在校勘和注释方面较前有进步。朱正尽量让读者读到最能体现鲁迅精神的文章，力图为读者提供一个了解鲁迅其人其文的上佳门径。

从1956年出版《鲁迅传略》到今天，朱正阅读、研究鲁迅已经超过一个甲子了，比鲁迅在世的时间还要长。他对鲁迅的认识越来越清晰，也越来越能平视甚至直视鲁迅了。"我是以鲁迅的粉丝开始的，现在还是他的粉丝，"朱正说，"但我不完全是盲目的粉丝了，他好的地方我很佩服，他走的弯路，我还是给他指出来。"

值得一提的是，朱正于2005年在岳麓书社出版了《跟鲁迅学改文章》一书，这本书对于作者和编辑都有重要的参考价值。该书将鲁迅一些文章的原稿和改定稿对照排版，并且将修改处以红色加粗字体呈现，让读者对修改处一目了然。其实，这本书的内容已经于1981年以《鲁迅手稿管窥》的书名出版过，著名作家、编辑家叶圣陶就书稿内容也给朱正写过信。在信中，叶圣陶对朱正的这些文章给予了充分肯定，还说："足下之说明，颇有会心者多，能道着经营之甘苦。"至于这本书的精要，朱正在引言中有所说明：

仔细研究鲁迅的手稿，研究他的每一处删改，就可以得到许多有益的启发，学习作文的门径。打开鲁迅的手稿来看看罢，就可以看出他修改的范围十分宽广，远不止于他自己说的删去可有可无的字，句，段和把拗口的改得顺口之类。从他的手稿里，我们可以看到：他怎样从一些近义词中选出一个最恰当的来，从而使文章表达得更准确、更生动、更鲜明；他怎样通过字数很少的增删来增强文章的表现力，增强文章的思想性和战斗性。

"事实上，鲁迅从事编辑出版工作30余年，"朱正说，"鲁迅也是厉害的编辑出版家，只是他作家的光芒在一定程度上掩盖了他编辑方面的成就。"

2016年，葛剑雄教授主编的"当代学人精品"丛书出版了《当代学人精品·朱正卷》一书。列入该丛书的知名学者包括杨天石、雷颐、辛德勇、王彬彬、张鸣等，编辑出身的朱正和这些专业研究者比肩而立。如果说19年前朱正出版"当代中国学者随笔"丛书中的《思想的风景》一书时，还觉得自己不是学者，那么，19年后的朱正完全有足够的自信和实力承认自己的学者身份了，甚至可以说，他已经成为学术界以勘误和严谨著称的学者了。

正误与求真

"别人写书不认真,就给了我出书的机会。"92岁的朱正笑着说,"如果当年许广平的《鲁迅回忆录》没有问题,也就不会有我的那本《鲁迅回忆录正误》了。"

事实上,从《鲁迅回忆录正误》开始,到参与编辑《鲁迅全集》,到多次修订自己的《鲁迅传略》,再到出版《当代学人精品·朱正卷》,朱正一直在从事纠错和正误的工作。这项工作不仅针对文字、史实、学理,也针对时代、人生和历史,他在正误中求真,在求真中反思,在反思中领悟。

朱正说:"我并不是专给别人的书挑错的。如果出版物没有问题,这岂不是更好?"从这里可以看出,朱正的工作对于提升出版物质量、实现出版高质量发展具有非常重要的价值。因为,对于编辑出版而言,质量是永恒的标准和追求,探索提升出版物质量的方向和方法也是永恒的话题和课题。其实,编辑不就是对作者提供的原初内容进行质量把关和提升吗?朱正的编辑实践和编辑思想,对于今天的编辑出版人而言也是不过时的。

2019年,朱正发表了一篇比较有趣的文章,题目叫《回顾我对湖南出版业的功过》。文章内容主要是历数他对湖南出版界的功与过。过,朱正指的是出版《查太莱夫人的情人》;至于功,朱正说,"推荐锺叔河兄是我最大的贡献"。由此可以看出,锺叔河在朱正心目中的位置。

然而,评点湖南出版界几十年来的"英雄榜",朱正却说:"锺叔河的成就是有目共睹的,也是有地位的,能和锺叔河排在同一级别的至少

92 岁的朱正在自己的书房

2023 年 3 月，本书全媒体项目组与朱正合影

还有两位，那就是做《诗苑译林》的杨德豫和编辑《船山全书》的杨坚。可惜的是，杨德豫和杨坚走了。"朱正顿了顿，又说："至于我，是排不上的。这实在不是谦虚。但是另一方面，虽然我没有编辑出影响力特别大的书，但在我研究的学术领域我是自信的，他们也是比不了的。"

其实，放宽视野来看朱正的编辑实践，朱正的正误与求真是贯穿道、学、术三个层面的。从道的层面看，他的编辑实践体现的是回到编辑出版的本质，坚守编辑出版的初心。从学的层面看，他的鲁迅研究和反右派斗争史研究的背后，就是坚实的学识支撑。从术的层面看，他在工作中对一字一词、一个标点都会斟酌再三。

更为重要的是，朱正的身上映照出编辑职业的更大可能性。作为编辑，可不止于策划、编校、出版的层面，也可不止于做一个优秀的幕后工作者和文化中介，编辑可以基于职业身份的条件和便利，走向学术文化创造的前沿阵地，积极参与、助推甚至引领学术文化发展潮流。如此，编辑便可在社会文化发展中承担更多责任，肩负更大使命。从这个意义上讲，朱正和近现代以来的很多编辑家，如邹韬奋、冯雪峰、周振甫等人，是站在同一梯队的。

与朱正交谊半个多世纪的编辑家锺叔河，曾多次评价过他的这个患难兄弟，说朱正是典型的读书人，"老实方正""读书多""思辨力强"，还说朱正是"比我好的好人"，"好比我自己的女儿，是去找一个锺叔河这样的人，还是找朱正这样的人？我倾向于她去找朱正这样的人"。

朱正曾出过一部口述自传，主书名叫《小书生大时代》。这个书名可谓意味深长。在大时代的洪流中，一个小书生是微不足道的，免不了被裹挟、被涛击浪打的命运，然而，站在新时代的地平线上，回望朱正的人生历程、学术道路和编辑生涯，我们眼前分明升腾起六个字——"新时代大编辑"。

唐俊荣

为书业的一生

执笔人——杨志平　杨鸿燕

唐俊荣

1989年1月6日，唐俊荣以高票当选湖南省新华书店史上第一位全员推选产生的经理。他的当选，可谓众望所归。而高度认可的背后，是他数十年如一日对图书发行工作的投入、持守与精进。

唐俊荣出身贫寒农家，15岁进入新华书店，参与创建酃县（今湖南省株洲市炎陵县）新华书店，自此与书业结缘。在45载的书店生涯里，他在县、地、省三级书店的营业员、会计、审计、调研、内刊编辑、办公室主任、副经理、经理、党委书记等不同岗位上历练。其间，他被4次下放，成为农夫、伙夫、马夫。但不管在何种岗位，担任何种角色，他都尽心投入、一力承当，练就深厚的学识功底、精湛的业务水平与卓越的管理能力，为湖南图书发行事业作出了不可磨灭的贡献。

"搞图书发行是要文化的"，这是唐俊荣对图书发行工作本质的理解，也是他书业生涯的重要注解。多年基层门市及流动供应工作经历，让他很早就意识到，图书发行不仅关乎"生意"，更关乎"文化"；新华书店不仅要追求经济价值，更担当传播、传承、繁荣文化之责。文化立意、文化立身、文化强企是他的坚定践履与执着追寻。

晚年，唐俊荣退而不休，纵身跃入更大的"江湖"。他先后参与创办《中国图书商报》《潇湘晨报》，致力于当"好参谋""好顾问"，其精力之充沛、思维之缜密、应变力之敏锐令人敬佩。10年报业工作结束，他又将工作台搬进书房，潜心投入新华书店店史研究。

唐俊荣的一生几乎全部献给了书业，经历无数风浪，留下诸多精彩故事，被称为"一座新华书店博物馆"。他一生谦谨自守、亦慈亦让、勿固勿争，万人如海一身藏。听我们说要采访、写传，他直摇头："好些年前，就有人要帮我收集整理文稿，出个集子，被我婉言谢绝。因为我是卖书的人，知道书应该是什么样子，所以不敢浪费书号。我没有什么值得写的故事。"一筹莫展之际，我们只得联络他的亲友与同事。经努力劝说，采访工作方得开展。而这些亲友与同事也热切地分享与之交往的温暖点滴、珍贵记忆，并尽心提供各种线索。

是什么动力促使他将全身心付诸书业？在他身上有何魅力，至今让人津津乐道、无限感怀？从图书发行到创办报纸，他丰富的实践经验、人生阅历、苦辣酸甜该有多少？

如同涟漪，层层荡开，波澜跌宕的书业一生，始自浮现。

贫苦少年的山中世界与书中世界

1935年农历十月初八,唐俊荣出生于酃县一户山村农家。这里地处湘东南边陲罗霄山脉腹地,山高林密,沟谷纵横。据康熙《酃县志》记载,"酃邑四塞,唯向西有驿道通安仁至衡州府",沿途"路无人烟,邮传者畏虎,约数人持棍而行,以得交递为幸"。在唐俊荣的幼年记忆中,开门见山,山外还是山。家里一日三餐,除了红薯条拌饭,就再无其他可吃。

祖辈、父辈在山石地里靠着一锄一耙,艰苦营生。日晒雨淋,风里霜里,耕种、砍柴、烧石灰、挑盐,从未得闲。酃县石灰石藏量多、分布广,烧石灰历史悠久。开山、建窑、取料、装窑、烧窑、出窑,整个过程烟尘弥漫、呛咽刺鼻、闷热炙烤,"衣服从来没有干净过,成天都是灰蒙蒙的,好像人从泥土中钻出来似的"。

与烧石灰一样,挑盐也是一项高强度的重体力活。"穷人日子苦难堪,路远迢迢来挑担。食多食少也爱去,脚盘血水流脚踵。讲到挑担心就酸,肩头又痛脚又软。人人问俚担脉个,俚话担来做三餐。"当地传唱的这首客家民谣便是挑盐人生活的真实写照。2017年8月6日,《潇湘晨报》的《湖湘地理》周刊推出一期《挑盐人》,唐俊荣读后深深感怀,他在微信朋友圈写下:"今天《潇湘晨报》的《湖湘地理》可读。特别是'挑盐人'的专题尤感亲切,家父七十年前就是挑盐人。"

烧石灰、挑盐,这些现在几近绝迹的老行业,当时却是唐家得以支撑儿女们读书的重要经济来源。

唐俊荣6岁发蒙读书。发蒙那一天,天刚蒙蒙亮,他就被父亲叫醒，到达学校时还没有一个人。按乡里的说法，谁到得最早，谁就最会读书。唐俊荣自幼心性聪敏，懂事好学。父亲常为此津津乐道：伢子会读书，是因发蒙那日起得早。

4年的初小时光，很快度过。进入高小，就要翻越一座山，到山那边的望云学校就读。望云学校是抗日名将、中国远征军第二十集团军总司令霍揆彰兴办的私立学校。学校取名"望云"，寓"望白云而思亲"之意。山村里的这所学校寄托着一位少壮离家、南征北战的游子深切的桑梓之思，也成为山里读书伢们心间最漂亮的一道风景。

学校坐落在一片油茶林与旱土混杂的丘陵坡地上，建造讲究，环境优美。整个建筑群体采用传统四合院型。前栋教学楼为主体部分，上下两层砖木结构，主楼两端向后延伸为两栋耳房，楼上楼下都有走廊与主楼相连，分而不散，隔而不离。主楼正门过道悬挂着霍揆彰一身戎装的大照片，正门上首二楼顶悬挂校牌，浮塑"望云学校"四个大字，落款为"霍揆彰题"。主楼与耳房之间，环抱着一个小花园。花园里的很多花木都是小唐俊荣第一次见到，听说是从外地专门运来的。

望云学校离家很远，要寄宿，而家里穷得连一床被子都拿不出。唐俊荣只好到同学谭理笑家求援，想跟他"搭铺"，一人出被子，一人出席子。两家关系好，很快谈妥，可谭理笑个性很强，颇不乐意。一个学期后，唐俊荣只得另寻同学搭铺。住宿问题勉强解决，书籍费、伙食费仍是家中负担。

唐俊荣十分珍惜这来之不易的读书机会。读高小的这两年，每周翻越大山一次，来往于学校与家之间，他从未打过退堂鼓。他记忆最深的是每个周末返校，从对面山上上路，总要三步一回头遥望在禾坪里做事的妈妈。当爬到山顶即将转入下山路时，还要气喘吁吁地回望一眼。此时妈妈的身影已看不清，只有家舍依稀的轮廓，泪水夺眶而出。

学校师生生活亦十分清苦。时值抗战高潮，外地很多学校都已停办，有的老师就通过各种关系，到酃县山区来避难、教书。教语文的唐春尧老师是个来避难的攸县人，他很喜欢唐俊荣这个爱读书的孩子。最后一个冬天，唐俊荣就是跟着他一起睡的。这份温暖，唐俊荣至今记得。

1947年，唐俊荣小学毕业，入读初中，就读的酃县中学前身是洣泉书院和梅冈书院。洣泉书院始建于宋代，"背青台面鹿原，遥望云秋，诸山布列"。取名"洣泉"，除切合酃为"洣水之源"外，还寓意"山下出泉，泉为水源，纯一不杂，学宜如之。学者诚能如泉之涓涓不息，则百川学海，无不可至"。梅冈书院则建于清嘉庆年间，因院南有梅峰，故名梅冈书院。两大书院皆历为讲学之所。

唐俊荣回忆说："当时年纪小，不懂学校历史。后来才知道，近代著名教育家、岳云中学创始人何炳麟，全国最早的50余名党员之一、北方工人运动领导人何孟雄，还有被周恩来誉为'党外布尔什维克'的郭春涛等都出自酃县。"巍巍大山，幽幽书院，涵育了一大批心忧天下、经世济民之才。受此濡染，酃地重学。再地瘠民贫，父母也要咬着牙送儿女读书，盼儿女成才。

唐俊荣读中学的学费仍靠父亲烧石灰换成米谷来筹措，且常因伙食费交不了而受停餐威胁。学校的停餐处分很残酷，绝不仅仅是没饭吃那么简单。每次吃饭前学生都要集合，听候管生活的老师训话后，大家才排着队进入食堂。如果有伙食欠费的，老师训话时就点名将他从队伍里拎出来，不许进食堂，直到家里来人补交伙食费才能恢复吃饭。饿肚子是常有的事。

有一年夏季的一日，唐俊荣因欠费又被拎了出来。他实在饿得不行，便和三五个同样被停餐的同学跑到县城西郊去摘黄瓜、柰李充饥。那时的湘山寺脚下沿河一带全是菜土和果园。趁守园人中午打瞌睡，几个孩子溜进去，有的向果树上抛石头，有的到树下捡果子。没承想，因为配合不好，石头刚好落在唐俊荣头上，砸得出血。他也来不及多看，匆匆糊了点泥巴，帽子一盖，就跑回学校上课去了。

少年时期的唐俊荣要忍受的除了肚中饥饿，还有内心孤寂。中学三年，他坚持每个周末回家。学校离家有20多公里，几乎每次到家都已是傍晚。在家住一个晚上，第二天中午提早吃中饭，12点便启程返校。家里不放心，派大姐夫护送他过王家渡和河漠渡两座木桥。每次在河漠渡桥头与大姐夫分手时，唐俊荣就想哭，好想跟着他回去。这时路旁山林里有一种怪声怪调的鸟，好像不停地用客家话喊着："你要去归，归去要来。你要去归，归去要来。"路野人稀，空山寂寂，更增惆怅。

或许正是由于这种环境氛围与敏感心性，唐俊荣对文字与书本似乎有一种与生俱来的迷恋。初小和高小的学校没有图书室，中学有一个图书室，但藏书甚少，唐俊荣记忆中只有商务印书馆的《万有文库》。

幸运的是，他还有两个重要的书报来源：一是在外地工作的亲戚每周都会寄来《中央日报》。报上的时政新闻他不爱看，专挑文艺副刊读。二是向父亲打工的东家谭汉伟先生借。谭汉伟先生是一位新型知识分子，也是唐俊荣的老师。一日，他把唐俊荣带到家中，指着靠墙的几大柜子书说："你可以随便借。"这是唐俊荣第一次见到这么多书，内心欣喜不已。但他是个拘谨懂事的孩子，每次都是读完一本，还回去，再借一本。

他如饥似渴地读着，就像石头缝隙里的种子一样，竭尽所能地吸收所能接触到的一切养分。一本书就像一扇窗，而每一扇窗又风景各异，个中美妙，真是难以言喻。诗歌、散文、小说，一扇扇新的窗户朝他洞开；泰戈尔、普希金、茅盾、冰心、鲁迅，一位位文学巨匠向他走来。一颗热爱文学的种子，从此深埋心间。

时至今日，忆及儿时的这段读书经历，唐俊荣依然难掩激动和自豪："我家里很穷，但我读书的起点很高。我读诗，是从普希金开始的；我读散文，是从冰心的《寄小读者》开始的；我读小说，是从鲁迅的《狂人日记》开始的；我读散文诗，是从泰戈尔的《飞鸟集》《新月集》《园丁集》开始的。""我喜欢《寄小读者》那种娓娓道来的行文风格，觉得她比我们上课的老师要讲得好。《狂人日记》辛辣的寓意，当时难懂，只是觉得荒诞好玩。巴金的《海行杂记》写他乘邮轮去法国留学的沿途经历，海外生活的斑斓多彩，给我逼仄的乡野生活打开了一片新天地。"

唐俊荣的整个幼年、少年时期都生活在山中，抬头是山，低头也是山。层层叠叠的大山挡住了他的视线，坚不可摧的石头限制了他的脚步。是书，让唐俊荣的内心构建起一个辽阔的精神世界。因为有书，山中世界与山外世界，从此不再相隔。

投身书业，流连忘返

唐俊荣参加图书发行工作的起点是参与创建酃县新华书店。1950年，唐俊荣15岁，初中毕业后考取了湖南省公立第二师范学校，可家中连去衡阳上学的路费都凑不齐，只能无奈辍学。苦闷之际，唐俊荣向老师求助，老师建议他先工作一段时间再说，并将其介绍到县委土地改革工作队。接待他的宣传部干事看他个子太小，怕派出去影响不好，但发现他写得一手好字，就让唐俊荣留在县委宣传部参与编写一份石印内刊。而这，也成为唐俊荣最初的办刊经历。

不久，县委决定筹办新华书店，唐俊荣成为最初的三位创建人之一，开始了酃县新华书店的组建工作。自此，他与新华书店、与书业结缘。

最初的店址设在酃县县城南门正街，是县政府划拨的。原来是家绸布店，三人将一间店堂隔成两间，大的用来营业，小的用来住宿。绸布店留下的高大转角柜台和货架做书架，柜台下面做仓库，设施异常简陋。

开业陈列销售的第一批书，是先到店的老大哥霍文超拿着县政府批的380斤大米"划拨单"从衡阳新华书店进来的。唐俊荣还记得当时的书主要有："干部必读"12本，如《马恩列斯思想方法论》《社会发展简史》《政治经济学》《共产党宣言》《共产主义运动中的"左派"幼稚病》等；延安时期的文艺作品，如"中国人民文艺"丛书中的《白毛女》《穷人恨》《赤叶河》《李闯王》《小二黑结婚》《李有才板话》等；还有几种苏联出版的进口中文书，如《联共（布）党史简明教程》，苏联作家西蒙诺夫的《日日夜夜》。

几个月后，随着图书品种越来越多，老柜台实在承受不了，书店就在原址斜对面租了一间面积稍微大一点的铺面，借了几张桌子拼成两张书台。创店初期的生活很清苦，几个店员挤着睡在营业间后的隔间里。租来的这间铺面房屋质量不好，隔间无天花板，雨雪从瓦缝里直钻进来。几人合买了一块肥皂，洗衣时只在领子和袖口抹一点点，这块肥皂共用了半年。

书店门市部的工作多且杂。"要像全科医生那样，必须具有全面而又娴熟的多种业务技能才能胜任。"唐俊荣任门市部营业员兼会计，既要熟悉书，又要懂算账。他深感重任在肩，而原有的知识储备甚少。他白天在柜台里来回穿梭接待读者，晚上挑灯读书、练算盘。

做书店营业员的第一要务是了解书。"只有了解书，能准确生动地讲出它的内容，说出它好在哪里，才能激发读者的购买欲望。"为了熟悉每种书的内容与存放位置，唐俊荣把书名按类写成目录，随身携带，有空就背。没多久，书店陈列销售的每一本书的书名、作者、出版社、主要内容等要素，他都记得清清楚楚，成了书店的"活目录"，读者的"好书友"。每当进一本书，唐俊荣就能想到适合怎样的读者，甚至知道哪一位读者可能会需要；每当一位顾客来，通过短暂的交流他就能从对方的语言、神态中迅速做出判断，引导顾客买到所需之书。

相比其他热热闹闹的门店，来书店买书的人不多，这里显得清寂。如何将书卖出去，成为提升书店效益的必过之坎。

唐俊荣遇事爱琢磨，且从不畏难。他联想到儿时的山居经历及父亲挑盐的场景。"山不过来，我就过去。"是啊，自古"发""行"二字意思相同。"以行必发足而去，故以发为行也。""发"与"行"，都必须动脚。受此启发，他与大家一起调整思路，"变坐商为行商，变等商为找商"。书店一方面建立"基本读者联系卡"，增加缺书登记、新书预订、委托代办等服务项目,"为读者找书";另一方面广泛开展流动供应,"为书找读者"。

唐俊荣的第一次流动供应就是到井冈山麓沔渡圩的一场反霸斗争大会上发行毛主席像。"那是1950年隆冬的一个早晨,井冈山麓的酃县县城还在浓雾的襁褓之中沉睡,我和同事黄聘仿扛着书包匆匆行走在县城通往沔渡圩的山路上,寒冷的晨风吹来漫山遍野油茶树的阵阵花香。"临近中午,斗争大会开始,入场的群众经过书摊时都围拢来看。那时适合农民阅读的通俗读物实在不多,能识字的农民也少,他们大多是来购买领袖像和年画的。

散会时,一位满头白发、一脸沧桑的老太太双手捧着毛主席像看了又看,最后悄悄放下,默默离开。老人家真心想买,只是没钱。没等她走远,唐俊荣便要同事带上一张追上去,以两人的名义送给她。未承想,两人下午收摊回城,行至沔水河边,竟又见到那位白发老太。原来老人家一直站在那儿等,执意要送他俩一人一个鸡蛋。几番推让不成,看着他们将鸡蛋塞进背袋里,老太太才缓缓离开。这一幕,令唐俊荣至今难忘。

一次次深入农村开展流动供应,让唐俊荣深切体会到图书宣传、图书发行工作的重要性。中华人民共和国成立之初,全国5.5亿人口中有80%是文盲,农村文盲率更是超过95%。当时的农村,"几乎见不到真正意义上的图书。对于广大劳动群众,图书还是很陌生的奢侈品。有的地方连小学课本都是手抄本"。唐俊荣想起了自己的童年,想起了那些有书读的日子,决意做些改变。

"让更多的老百姓读到书、读好书,是新华书店之责,是'新华人'之责。"唐俊荣刻印在心,化入行动,一生践履。

他与同事们一起,分工分区,串机关、跑学校、下农村,逢圩赶圩,逢会赶会，见缝插针，设摊供应。抓住每一次农村基层干部开会的机会，选好品种，满足基层干部与社员群众对书籍的需要。对于农村读者的集散规律、季节特点，以及他们喜欢什么、需要什么、忌讳什么，唐俊荣心里都清清楚楚。因业务突出，唐俊荣多次受到上级表扬，并被评为1951年度中南区新华书店先进工作者。

其时，全国新华书店"统一管理"正如火如荼。1951年2月，新华书店中南总分店会计训练班在武汉市开办。省分店调唐俊荣前往学习最新通过的《新华书店统一会计制度》。学成归来，他办理了鄢县新华书店开业以来的会计总决算，经湖南分店核准，接受统一，"鄢县新华书店"自此更名为"新华书店鄢县支店"。

1952年下半年，唐俊荣被任命为支店经理，时年17岁。这于他，又是一次挑战。他充分发扬民主，遇事共商共议，以敬业、专业、品德服人，逐渐树立起威信。他心底想专干会计，提升自己的专业能力。自1951年那次会计专业脱产学习后，他搜集了不少会计、簿记、统计方面的书籍，从书本中学，从实践中学。但身兼两职，难免无力顾及，思量再三，他向县委宣传部提出只搞会计，不当经理。经省分店与县委宣传部协商，唐俊荣调衡阳新华书店任会计股长。1953年端午节前一天，唐俊荣离开鄢县新华书店，告别生活18年的家乡，来到衡阳。

在衡阳新华书店，他全身心投入专业学习与技能提升。因勤奋又机敏，他的财会业务日臻熟练，理财能力日益增强。两年后，他接到了湖南省新华书店的调令，自此离开衡阳，来到长沙。

进入省店，唐俊荣历任计财科会计股副股长、审计股副股长，后调离计财科，进入办公室组织技术股，主要负责省店内刊《湖南图书发行》的编辑出版，同时参与一些调研工作。

与之前的营业员、财务等工作相比，编辑内刊及深入基层调研需具备高度的政治敏锐性，能清晰领会党和国家的方针政策，正确传达各种文件的精神；要有强大的组织协调能力，能充分发挥承上启下、协调左右、联系内外的作用；还要有扎实的文字编校、选题策划与写作能力，熟练掌握组稿、通联、改稿、发稿、校对、跑印厂、发稿费、分发成品等事务性工作，能驾驭各类文体的写作。

这份工作更具挑战性，但也更贴近他的内心。唐俊荣自幼喜爱文字，这下他可以有更多的时间来与文字深度打交道了。

他投入巨大的精力与热忱学习新知，工作之余，便一头扎进书海，大量阅读各类书籍。同时，他自行订阅了《文艺报》《人民文学》《长江文艺》等文学报刊，沉浸在他喜爱的文学世界里。他进入省干部业余文化学校，补习高中课程，开始尝试写作，在总店内刊《图书发行》上发表文章，在《长沙日报》副刊上发表散文诗《晨曲一束》、散文《沅水岸边》。生活中，他结识了一帮志同道合的好朋友，闲时一起逛街、看电影、骑自行车，畅谈未来。这或许是唐俊荣人生中最舒展也最美好的一段时光。

彩云易碎琉璃脆。美好生活仅持续了两三年便陡然坠入旋涡。他飞翔的羽翼尚未张开，就遭惊雷炸顶，疾风骤雨接连而至。1958年，唐俊荣因言获罪，被划为一般右派分子。1959年底成摘帽右派，到永兴县、涟源县等地劳动。1961年回省店办公室调研组继续从事调研和编刊工作。"文化大革命"期间，他再一次被下放，直到1978年5月才回到省店，回到自己的家。

风雨浩劫二十载，身若不系之舟。此时家里岳父过世，儿子茨坪出生，女儿圆圆知青下放，虚弱倔强的妻子棣华一人撑起整个家。唐俊荣至今记得1969年2月离家的那个清晨："早上很大的霜，气温降到零下。棣华穿着我那件蓝布棉大衣，送我到东风广场。那里聚集着几

青年时期的唐俊荣

十辆大客车，另外还有十几台大卡车装着我们的行李。每辆车上都有军代表带队，有单位的革委会干部护送。我刚上车车就开了。车子在城里绕，棣华就跟着车追，一直追到车子消失。我不知道那天她是怎样独自一人回家的。"每每念及，唐俊荣悲伤难抑。

二十年磨难岁月，唐俊荣的角色一次又一次发生改变，从一位前途光明的干部、一位充满浪漫想象的文学青年变为在生产队犁地耙土、浸种育秧的农夫，在食堂烧火煮饭的伙夫，在干校喂马、赶马车的马夫。

有一次，省店和郴州地区店的两位同事到桂阳出差，唐俊荣赶着马车接她们到干校。在车站，她们看到一贯文质彬彬的唐俊荣牵着马车的样子，一时都怔住了。回程路上，她们听他聊干校的生活，聊他如何拉通关系从此买肉、买豆腐不用排队，偶尔还能弄得些"猪下水"改善干校伙食，大家哈哈大笑，笑着笑着，眼里有了泪。

唐俊荣自幼贫寒、无所依傍，认定了一件事就像祖辈和父辈开凿石灰一样，以苦干实干来面对。而他所认定之事，无非两件：一是自己读好书，二是让更多的人读好书。他的自尊在此，志业也在此。因而不管角色如何转换，生活如何飘摇，有一点他始终坚持，那便是——学习。

一方面他锤炼专长，精进财务技能。行走江湖，要手握寸铁。做图书发行，同样要有一两项过人本领。自进入书店，唐俊荣就将会计视为傍身之寸铁，不断锤炼、打磨。下放期间，他担任桂阳氮肥厂会计，为掌握工业会计知识，特意赶到长沙向人借来《工业会计》教材，两三天全部读完，很快适应了新的会计核算要求，成为全县工交系统中最好的会计人员。有一次，郴州地区建设银行派人来检查桂阳氮肥厂第二期扩建投资的使用情况，听完汇报后要求整理成文字材料，一周内报到银行。唐俊荣当场用复写纸一式三份动手写起来。两千多字的材料，一气呵成，没掉一个字，没改一个字，当场将写成的报告让检查者带走。"唐会计"的名声不胫而走，一时成为厂里传奇。郴州地区工业学大庆办公室向他抛来橄榄枝，想调他去那里工作。但他志在书业，婉言拒绝。他说："那时在桂阳，你说唐俊荣可能没几个人知道，若说氮肥厂的唐会计，很多人都知道此人了得。"多年后，他已是省店经理，有一次到桂阳调研，在街上听到背后有人喊他"唐会计"，一回首，原来是旧友相逢。

另一方面他坚持阅读，让精神世界不坠。每一次下放劳动，他必带着书，《沫若文集》《巴金文集》《茅盾文集》如行装跟着他四处漂泊。"除了劳作，读书是唯一的精神依托。"潇潇雨夜，是文字点亮他心中灯盏。

多年后，回望这段经历，唐俊荣喟叹："我们这一代人挺可怜的。我没有青春，没有青年。十五岁参加工作，二十出头便被打为右派。一次次下放，回来时，已年过四十。"可谈到书，谈到读书，他又似乎获得一种安慰："刚进入鄀县新华书店，原打算工作两年再返回学校读书，是书的诱惑，使我流连忘返，想不到一待就是终生。"

阅读是一座随身携带的避难所，也是一种长久力量的积蓄。经此，才有后来唐俊荣回到省店的厚积薄发。

为振兴"新华"贡献"湖南经验"

1978年5月,唐俊荣结束了九年的异地生活,回到湖南省新华书店,被安排从事调研工作。他先后担任办公室副主任、主任。1985年7月,他被任命为副经理,进入省店领导班子。一年多后,他担任第一副经理,协助经理主持全面工作,并担任湖南省出版工作者协会常务理事。1989年1月,唐俊荣成为湖南省新华书店历史上第一位全员推选产生的经理。1990年,唐俊荣被调至湖南省新闻出版局,任办公室主任。两年后,他回到省店担任党委书记。1993年,任经理兼党委书记,后担任经理一职,直至1996年3月退休。

唐俊荣回到省新华书店工作的这近20年,是中国图书发行业大浪翻腾的20年。过往几十年计划经济体制下,新华书店一直是全国图书发行的唯一渠道,可谓"只此一家,别无分店"。改革开放后,我国经济从计划经济体制向市场经济体制转轨,图书发行业随之发生巨大的震荡与转折。"三多一少"(多种经济成分、多种购销形式、多条流通渠道,少流通环节)、"三放一联"(放权承包、放开批发渠道、放开购销形式和发行折扣,推行横向联合)等一系列政策的颁行,极大地激活了图书发行市场,也彻底打破了新华书店"一统天下"的格局。

"举目望去,民营书业、个体书店如雨后春笋般生长,全国著名的黄泥街民营书市,几乎将省店团团包围。"相比其他渠道的"多(新书多)、快(上市快)、活(批零价格灵活)",新华书店简直就是"旧(旧书多)、慢(上市慢)、呆(经营方式呆板)"。加之市场监管滞后,一些个体书商通过不正当手段,获得一、二级图书批发权,在市场上大打折扣战。

唐俊荣于湖南省新华书店工作期间

1992年，香港首届湖南书展举行，唐俊荣任湖南书展代表团秘书长

出版社对新华书店的信心与依赖越来越小，而新华书店销货店也纷纷转向直接到出版社或"二渠道"进货。内外交困之下，昔日"书业霸主"优势不再、短板凸显，在折扣战、回扣战中，连连丢城失地。

敢问路在何方？叩问着站在历史十字路口的每一个"新华人"。唐俊荣是这场改革的亲历者，他与所有湖南"新华人"一起，困境求生、凤凰涅槃，见证并参与创造出一个又一个的"湖南经验"。

1."开架售书"经验享誉全国

1978年5月，唐俊荣回到省店调研组，负责的第一个调研项目就是开架售书。书店开架售书，在今天看来，太寻常不过。实际上，这是历经一番回环往复而来。中华人民共和国成立初期，各地新华书店都是开架售书。从书店管理角度看，这种方式造成污损书多，盘亏率高。1953年，总店参考苏联的书店闭架方式，试行闭架售书，不久在全国推行。图书按类划片，书架前增设玻璃柜台，营业员实行岗位专责制，读者可翻阅样书，决定购买时才能取书。毫无疑问，闭架售书方便了书店管理，却将选书困难推给了读者。1978年9月28日，《人民日报》刊登了一幅华君武的漫画：一位读者拿着望远镜隔着玻璃柜台找书。漫画恳切地表达了人们对开架售书的强烈愿望。

1979年10月，省店召开店务会，研究决定组团前往黑龙江省肇源县新华书店考察学习开架售书经验。时任副经理吴国庆带队，湘乡县店经理王再光、宁乡县店经理王胜秋等参加，唐俊荣负责安排制定所有考察计划与行程。"1979年10月25日，五个南方人第一次来到东北，冒着严寒，跨越北大荒抵达肇源。"现场观摩肇源县新华书店改造后的门市设备，聆听副经理吴玲讲述改革过程与实施关键。为证实肇源经验在黑龙江全省的推广成效，考察组又一路参观了富裕、北安、绥化、齐齐哈尔等店。唐俊荣边走、边看、边画、边记，笔记本上写满了各

唐俊荣手迹

1988年，唐俊荣刊发于《出版工作》杂志上的文章

项数据和要点,"穿着借来的皮大衣,仍感背心透凉",他心底却有了盘算与把握。

考察归来,他主抓落实全省开架售书。基于肇源考察所获,他在理念上坚定"不突破固有模式不可能有大的发展",在策略上坚持"先抓城市店,先抓大县店"。通过召开会议、制定标准、集中培训、相互观摩、组织竞赛、推广典型经验等一系列举措,先后有序、深入细致地推动这项工作。最终,湖南全省新华书店门市开架率达90%,成为第二轮开架售书的全国先进典型。1980年4月28日,《长沙市新华书店开架售书的经验》作为典型材料,被新华书店总店向全国新华书店转发。1982年2月,全国城市图书发行工作会议在北京召开,长沙市店的经验又成为总店点名要印发的会议材料。会上,湖南省店和长沙市麓山门市部作为开架售书先进单位,受到表彰。

2. 管理模式创新屡成全国典范

1977年1月,时任新华书店总店总经理王璟带队到湖南等地调研。在省店,他了解到湖南省自1972年起实行的是"全省市县书店的财权上交省店。全省新华书店实行利润留成40%用于生产发展基金,且效果很好",很是欣喜。他说:"这是解决新华书店发行网点'少、小、危'的重要经验。"这一"湖南经验"被上报至国家出版局、财政部,最终促成1979年9月《关于各地新华书店试行利润留成的通知》出台。这是湖南新华书店系统向全国贡献的改革经验,也是湖南省推行"双重领导,省管为主"管理模式的重要基石。

当时,全国范围并存的管理模式主要有三种。其一是"条块分权式",即省新华书店管理财权、物权,地方政府有关部门管理人权。其二是"集中统一式",即由省新华书店集中管理全省地(市)、县新华书店人权、财权、物权。其三是"地方集权式",即地(市)、县新华书店人权、财权、物权都由地方政府有关部门管理。三种模式各有利弊,湖南独辟蹊径,选择走"第四条路径"——"双重领导,省管为主",即地(市)、县新华书店人权、财权、物权由新华书店同当地党委宣传部共同负责,以新华书店为主。为此,省店经受了巨大而长时间的考验。

压力最大的一次要数1988年中宣部和新闻出版署联合发布《关于当前图书发行体制改革的若干意见》,明确提出"放权承包"。政令一出,不少省份就将上收仅几年的财权又一次下放。最典型的是紧邻湖南的湖北,率先将人、财、物三权全部下放,据说效果还不错,"基层'解放'了,省店'解脱'了"。湖南怎么办?放,还是不放?一时议论声四起。唐俊荣说:"当时我们只能夹起尾巴,低调坚守,可微词仍不绝于耳。"如芒在背,如履薄冰。好在有省出版局支持,省店咬牙坚守。

当年8月,新闻出版署派出调研组,对湖北、湖南两种不同管理体制展开深度调研。此次调研,直接关乎"湖南模式"到底能不能继续、能走多远。其战略意义不言而喻。唐俊荣做了充分准备,全程陪同,一路从不同维度向调研组阐述这一模式的优势及湖南所取得的成效。

调研组回京不久,在《新闻出版报》上分两天发表了两份调查报告。唐俊荣留意到,"这两篇报告的版面位置和篇幅分量几乎完全相同,不偏不倚,客观公允",说明署里对"湖南模式"是承认的。他一直紧拧的心,才稍放松。

1990年秋日的一天,湖南省新华书店办公室电话铃响起,对方是全国图书发行工作会组委会,希望湖南省新华书店积极准备,在11月20—24日于重庆召开的全国大会上做一场关于全省书店管理体制改革情况的发言。

这是自1986年以来的又一次全国性图书发行会议。全国各地新闻出版局、新华书店、中央和地方出版社以及中宣部、国务院办公厅、国家计委、国家教委、财政部、监察部、国家税务局、国家工商管理局等机构的 200 多名代表参加，规模之大、范围之广、规格之高，可见一斑。湖南省新闻出版局、省新华书店高度重视，商议后派省新闻出版局周世华、蒋敦雄与唐俊荣三人参加。

大会发言的重任落在了唐俊荣身上。他几经构思、删改、打磨，撰写了一篇 6000 余字的发言稿，从"基本格局""管理方式""初步成效""存在问题"四个维度对湖南省新华书店"双重领导，省管为主"的管理体制作了报告。他的发言全面系统，剖析精当又言辞恳切，引发参会代表的广泛讨论。会后，这份发言材料被全文印发至全国新华书店。

"双重领导，省管为主"的管理模式顺畅拉通了湖南出版的编、印、发、供一条龙，也切实维护了湖南省新华书店的企业自主权，增强了企业实力与发展后劲。"省店得以有可能把分散的、微薄的生产发展基金和更新改造资金集中起来，进行企业内部自助，更快更好地发挥资金效益。"

有数据显示，"1974—1989 年的 16 年间，我省共集中筹集建设资金 9557 万元，已形成固定资产原值 6684 万元，占全部固定资产原值的 93%。其中，新增房屋建筑面积 36 万平方米，新增机动车辆 130 台，新建县以上门市部 92 个、县以下门市部 118 个、仓库 137 座。全省 105 个单位都上了建设项目"。省店的发运基地、出版发行学校，长沙市店的袁家岭发行大楼，湘潭、衡阳、郴州、娄底等地部分门市部营业楼建设工程的顺利上马，皆得益于这一管理模式。

后来有媒体评析当时湖南省发行体制改革"步子迈得快，切入点好，力度大"。"关键在于策划者们善组织，敢突破，选准角度即果断大力射门，很少有不得分的"，称赞湖南出版人敢闯敢干、有勇有谋。其实，作为湖南"新华人"的唐俊荣还有一个更深的情结，那就是："全省书店是一家，只要对基层有利，再麻烦再吃亏的事也要乐意去做，并尽力做好。那种有利就收、吃亏就放的思想是会失去群众的。"多年后，他才把心底的这两句话写进一篇回忆文章。

"根深方能叶茂，土沃才有花繁。"湖南省新华书店因重视根基的夯实，赢得了宝贵的先机与持久的动力。

3. 深化"店社寄销"，扩大"经营承包"，争当探路先锋

企业自主权得来不易。如何维护、如何用好，是更大的考验。改革越是触及深处、切中要害，痛感就越强烈。对此，唐俊荣始终有着清醒的认知。在一篇发行手记里，他这样写道："任何一种社会发行力量，都要允许各种形式的同行们的竞争，同时又要在竞争中苦心经营、开拓前进，绝对不能够单纯依赖额外的优惠。如果连这样的能力都不具备，优胜劣汰也就是自然的事了。"这是自省，也是自励。

面对发行体制改革过程中错综复杂的矛盾，他提纲挈领地指出，要处理好两个"店社关系"。

其一是新华书店与出版社之间的关系。出版社获得自办发行权后，要求新华书店不断扩大每种图书的发行量，以最大限度地满足市场需求。而新华书店与出版社之间一直实行的是"包销制"，即"凡是出版社出的书，必须全部交给新华书店统一包销，订数由新华书店提出，书发到书店就马上付钱，如果书卖不掉不能退给出版社，存书报废损失全部由书店承担"。书店如同"隔山买牛"，根本不敢多进货、多备货。

除此之外，出版社还直接向销货店，如集体书店、个体书店，甚至读者发货，致使发货店尤其是省店"蓄水池"功能弱化，大量人力、设备闲置浪费。图书发行渠道梗阻，市场疲软，"卖书难"问题并未解决。而对于农村及老、少、边、穷地区，出版社因其订货少、结算困难、

发运费用多且麻烦，时常不予发货，广大农村读者"买书难"。在此情形下，新华书店必须重新审视并构建与出版社之间的关系，方能实现困境突围。

其二是新华书店与供销社之间的关系。供销社与新华书店的联合肇始于1951年。至1976年，全国供销社经销图书网点发展到10万多处。依托供销社将广大农民读者所需的政治类、农业科技类、农村通俗类图书有效覆盖、延伸至偏远乡镇，可以说是"中国图书发行史和文化史上的创举"。但由于图书销售占比份额小、利润低、耗费精力多，无论在思想上还是行动上，供销社都缺乏长期参与的积极性。

当时，有人提出"农村发行不要吊死在一棵树上，各种力量不妨都试一试"。唐俊荣知道，大转折关键期，盲目冒进，丢掉供销社另起炉灶，只会让省店陷入新的被动。这时，他对于市场的宏观把控力与灵活调度力凸显出来。一方面，他把握住"基于自愿互利的关系才能持久"这条颠扑不破的商业真理，"因社施方"地提出："对于愿意经营图书的供销社，坚决依靠，具体问题协商解决；对于徘徊观望的供销社，尽力争取，促进转化；对于已完全不可能经营图书的供销社，做好款、货清退结算，防止经济损失。"另一方面，他积极探索和发展学校、文化站、农业技术推广站等其他农村发行渠道，建构起"专、兼、群"相结合的发行网络。农村图书发行数量一度节节攀升。

市场巨变，大浪淘沙。处理好两个"店社关系"还只是优化外部环境，如何激活内部动力，才是真正难啃的"硬骨头"。探索"店社寄销"，推广"经营承包"，成为唐俊荣深化改革的两大抓手。

关于"店社寄销"，湖南是全国最早试行的两个省份之一（另一个是浙江）。对于"寄销管理办法"，唐俊荣提出"要切忌过于烦琐，烦琐不是科学，简明才是科学"。对于店社双方都极为敏感的"经济负担由谁承担"问题，他提出双方都要跳出自身视角，进行全方位的综合权衡。因为"商务洽谈从来就是双方利益的合理分享，而不是任何一方的片面追求。'成交'是洽谈的最高目标，否则一切'最佳'方案都等于零"。湖南"店社寄销"的探索与成绩，对当时全国新华书店改革有着重要的引领与参鉴意义。

唐俊荣主持全面工作期间，除了持续深化"店社寄销"，推进购销形式改革，还推广"经营承包""扩大多种经营"，想尽办法创造更多的经济效益。

他每年组织策划两大常规会议——全省新华书店经理会议和全省农村发行工作会，时时警醒："销售上不去，一切都被动。""如果我们不能把图书市场安排好，那就是失职、丧志。"同时，他还制定《关于加强宏观管理完善现行管理体制的若干规定》《关于完善和发展承包经营责任制的意见》等系列文件，把握集团优势与放权基层、总体驾驭与放开搞活、制度建设与承包经营、业务自主与经销管理的平衡关系，建立起"全员激励""稳健发展"的双促机制，确保"宏观稳住，微观放活"。

一时，全省新华书店上下一心搞经营，形成"店兴我富，店衰我穷"的氛围。各店一改"大锅饭"的混沌局面与"铁交椅"的固化机制，"好戏连台，新招不断，百花齐放"，有的主动延长营业时间、自觉外出设点摆摊、开辟租书业务，有的在促销手段上创意迭出，职工的经营积极性都被充分调动起来。

事实证明，这些举措成效显著。店社寄销业务、寄销范围逐年扩大。通过"推行看样订货"，在中南六省（区）图书贸易会、全国书市、北京国际图书博览会上，省店全力以赴总动员，拿最好的书、派最强的人，每次成交量都居全国前列。1992年、1993年，湖南省新华书店连续两年入选中国"500家最大服务企业",1994年获评"湖南省零售商业综合实力百强企业",1995年获评"湖南省批发贸易业大型企业",成为名副其实的探路先锋。

这样的"湖南经验"还有很多。桩桩件件,都是湖南"新华人"一次次经历坎坷、忍受阵痛,一次次调整经营理念、拓展业务范围、创新服务手段而来。而这一系列令人振奋的成绩也说明,"新华书店不仅是建设的主力军,也是改革的主力军"。只要大胆改革,充分发挥新华书店独有的条件与优势,任何集体、个体发行企业都将望尘莫及。

在改革淬炼中,湖南省新华书店一步步由被动走向主动、由封闭走向开放、由单一走向多元、由传统走向现代。在严峻环境下,唐俊荣练就更为深厚的学识功底、精湛的业务水平与卓越的管理能力,成为"宝剑锋从磨砺出"的发行家。

搞图书发行是要文化的

"宝剑锋从磨砺出",这是1989年中宣部出版局组织编写的《发行家列传》第3卷中,唐俊荣传记的标题。执笔者刘本仁用平实的笔触呈现了唐俊荣的成长经历、从业过程与突出业绩。囿于篇幅,许多细节未能详述,但唐俊荣在图书发行工作中"好学善学"的特质却非常突出。

刘本仁在传记中写道:"据初步估算,唐俊荣在书店工作中,撰写的文件、文章等各种文字材料总量不下500万字。不知情者似乎不可思议,但了解他的人,都知道这是他勤奋好学坚持不懈的成果。"

"搞图书发行,还需要学吗?"这可能是很多人的疑惑。其实,这并不奇怪。因为自古以来,对于图书发行,就存在类似的声音。

"好书而不要诸仲尼,书肆也。"这是我国现存古籍中对"书肆"的最早记载。到现代,我们常听人谈起出版家、编辑家,却很少听人谈起发行家。在世人眼中,卖书、做图书发行,就是跑片征订、对账收款、打包发书,没什么技术含量,更难谈专业性、文化性,从来不被人特别重视,也没有什么社会地位。甚至有人戏谑:"站站柜台,卖卖书嘛!有什么呢?"

唐俊荣从不这么认为。在给一位晚辈友人的书信里,他写道:"搞图书发行是要文化的,它需要的是共享的大文化。""因为图书是一种文化商品,它不像衣服、茶杯等一般商品,光看外表就能了解质量。做图书发行,尽管不编辑图书,不直接生产知识,但他必须知道从生产者手里接过来的书都讲了些什么内容,讲得好不好,质量怎么样。

唐俊荣的发行工作事迹被收入《发行家列传》(第3卷)

他还要知道，什么样的读者会需要、想要读这本书，又该通过什么样的方式才能让读者最快'遇见'并'买下'这本书。这看似'左手接，右手送'的简单过程，其实意蕴深厚。没文化，怎么行？"

可是真正高学历、有文化的人才，新华书店养不起，因为图书批量少、品种多、单价低、利润薄，从业人员待遇低，就算是大费周章引进的人才，待不久就跳槽了。1994年的统计数据显示：全国新华书店正式员工11万人，其中大专及以上学历的只占6.46%。

45载光阴，唐俊荣在县、地、省三级新华书店的营业员、会计、审计、调研、内刊编辑、办公室主任、副经理、经理、党委书记等不同岗位上历练，获得对图书发行的全视角与深体验。可以说，"搞图书发行是要文化的"，这是唐俊荣对图书发行工作本质的理解，也是他书业生涯的重要注解。综观而言，这句话至少包含如下三层含义：

1. 图书发行要坚守"文化立意"

"图书发行从本质上讲是一种经济行为、商业行为。因为书是来卖钱的、赚钱的。但它毕竟又不同于一般的商品交易，不是什么书都可以卖，什么钱都可以赚。"

唐俊荣十分认同中华书局创始人陆费逵在《书业商之修养》一文中所说的："书业商的人格，可以算是最高尚最宝贵的，也可以算得是最卑鄙最龌龊的……如以诲淫诲盗的书籍，供献于世，则其比提刀杀人，还要厉害，盖杀人不过杀一人，恶书之害，甚于洪水猛兽，不知害多少人。"

在每一次业务工作会议上，他都要强调：不能只存单纯买卖观点而不注重社会效果，不能让那些格调低下的，甚至淫秽的、内容反动的书刊，流入主渠道。他坚守新华书店做图书发行，不仅关乎生意，更关乎文化。唯有将文化置于中心地位，当好文化把关人，方能实现图书生产消费各环节的良性循环。

2. 图书发行人要注重"文化立身"

大家都说唐俊荣"有一种书卷气","是既长于经营又富有文化气质的领导"。而这种书卷气、文化气质并非天生而来，乃经后天化育而成。他的"文化立身"之道有二：一是博览群书，二是深思勤写。

工作中、生活中，唐俊荣以读书为乐，文学、历史、经济、美学、哲学、管理等领域都涉及，从不设藩篱。20世纪80年代中期，企业管理类专著在图书市场上兴起，这类书，唐俊荣至少阅读过50余种。他钟爱文学，无论多么繁忙，从未中断过阅读文学作品。在一个读书笔记本上，他写道：

我爱散文也爱诗，尤爱他俩的混血散文诗。从60年前第一次见到泰戈尔的《园丁集》《飞鸟集》《新月集》就一发不可收。从鲁迅的《野草》到柯蓝的《早霞短笛》，我收藏的散文诗集达几十种……

读于坚的诗文十多年了，真正引起强烈欲望的还是近两年的《横渡怒江》《陇上行》等篇什。那种文人的高雅素洁，学者的满腹经纶，跃然纸上，使我既产生赏心悦目的轻松感，也平添敬畏知识的神圣感。因此，我读得很慢，生怕浪费宝贵的阅读资源。

只言片语，尽显书生性情。他全方位关注文艺，并由读纸质书，拓展至其他文艺作品，话剧、湘剧高腔等皆为他所爱。早年，湖南省话剧团的剧目从中华人民共和国成立后第一部剧《在新事物面前》开始，每一场戏他一个不落全看过。湖南省话剧团复团后演出的第一部剧《于无声处》，他抢到第一场公演票，观演后兴奋地与妻子跑到后台看望此剧主演魏绿萍。每次去北京，他都要到北京人艺和中国青艺看一两场

1995年，唐俊荣在湖南省新华书店样本室

唐俊荣做的笔记

话剧。因爱话剧，他又系统地阅读《斯坦尼斯拉夫斯基体系精华》《演员的自我修养》《第四堵墙：戏剧的结构与解构》等表演理论著作。

因涉猎广、读得多、钻得深，唐俊荣的很多见解大有超群之处，对书有自己的判断，知书懂书。他写过一篇文章，探讨"书籍装帧艺术"，指出要借鉴"盆景的逻辑"，做到"得体、贴切"，"增一分则太长，减一分则太短"，且"贵在变""贵在创意"。他还写过一篇文章谈"文学作品中的插图艺术"，指出：插图艺术应如同文学作品，要"在思想感情上、精神境界上给人以崇高美好的艺术享受和思想影响"。还有诸多从图书发行视角对图书选题、编校问题的思考，发人深省，予人启思。

唐俊荣笔耕不辍，是不可多得的笔杆子。"言之无文，行之不远。"唐俊荣非常看重一个人的写作能力。他认为："会写作，说明有一颗好奇的心、一双敏锐的眼、一个善思的大脑、一支勤奋的笔。"而这些，都是一个优秀的图书发行人的重要素养。他笔耕不辍，且坚持"两支笔"写作。

一支笔写公文。从湖南省新华书店的文书档案中可以看到，从一般文件到规章制度，从每年的工作要点、总结到店史、店刊等，许多都出自唐俊荣之手。其中，调研报告是省店公文写作的重要构成。唐俊荣主张"无调研，不报告"。他"一年有三四个月在基层搞调研，跑遍了三湘四水，写的调研报告有上百万字。全面总结基层店工作经验的有攸县、新化、龙山、汉寿、湘乡、道县、衡山等十多个店"。1985年，唐俊荣升任省店副经理，他曾三次赴新化县新华书店，对该店的经营管理、经济指标、服务质量、领导作风、先进人物和事迹等方方面面开展实地调查，回来后执笔撰写了一篇3万余字的调研报告《怎样建设好一个基层书店——新化县新华书店调查报告》。调研报告分发至全省书店，掀起一股学习热潮。

他陪农村发行员下乡，与他们同吃同住同行，切身感知"挑百斤担，卖千家书；睡百家床，吃千家饭"的艰辛。至今，他仍清晰地记得这些不可忘却的湖南"新华人"名字,他们是——郴县（今郴州市苏仙区）的胡书才、汉寿的刘云旺、临澧的胡金亮、龙山的谢志泉、攸县的李修正、道县的何永信、衡山的赵尊德。他说"农村发行员为新华书店的发展作出了巨大贡献，他们是'扁担精神'的代表，是新华书店'最可爱的人'"。因为有共情、有体悟，他的调研报告，笔底常带感情。

他外出考察，从来都是边看、边问、边议、边记。他去东南亚、美国等地考察，随身带了好几个笔记本，每天晚上回到宾馆，哪怕已到晚上12点，都要把当日经历全部记下。遇到人名、地名、数据等方面的疑问，第二天，都要向翻译问询，一一修订、补齐。他留下了近十万字的《东南亚之行》《访美日记》，执笔的《中国新华书店考察团赴美考察报告》被《中国图书商报》全文刊登。中宣部一位领导去美国考察，点名要把这份考察报告带上。为了让更多的人熟悉公文写作，提升公文写作素养，1988年，他与湖南省委、省政府、省委党校的几支"笔杆子"共同编写了一本《公务员写作基础》，实用又畅销。

另一支笔写随笔。较之公文，随笔可以更自由地表达思想与感受。唐俊荣喜欢写随笔，将率性的一面在文字里尽情抒发。1979年12月他的随笔《读〈秦可卿晚死考〉的联想》在《出版工作》上刊发后，主编滕明道主动写信过来，为他开一个《发行工作手记》专栏。专栏文章一经面世，就受到出版界广泛关注。湖南文艺出版社编辑李一安读到其中一篇关于发行《湖南实验小说选》不力的自责文章后，激动地打来电话向唐俊荣致谢，两人因此结为好友。

"写作是一种双向沟通，也是一种高品质的交往方式。"唐俊荣的

1995年，唐俊荣（右三）任中国新华书店赴美考察团副团长，带队考察当地三联书店

1995年，全省农村地区门市部工作会议在洞口县召开，唐俊荣（左二）陪同时任湖南省新闻出版局副局长张训智（左一）在门市部考察

朋友圈甚广，其中不乏影响力巨大的文化学者、作家、出版家，如莫言、苏童、叶兆言、王益、肖建国、锺叔河、弘征等。这种交往大多因书结缘、以文会友，淡如水，却情谊深。

唐俊荣说："与文人交流的前提是你真正读过他的作品，不然没有共同语言。"1995年"五一"假期，叶兆言和苏童到长沙市新华书店举行签名售书活动。唐俊荣赶到车站迎接。在这之前，他就已经将两个人的主要作品都翻阅了一遍。见面交流间，当他将这些作品的名字、内容与发表时间一一细数，两位大作家大为惊叹："一个书店经理，竟然对我的作品这么熟悉！"签售时，唐俊荣排队买了两套书，叶兆言和苏童除了签上自己的名字，还破例将唐俊荣的名字也签在了一起。

写与思，须臾不可离。唐俊荣的随感文章，都是他在深度阅读、深度思考后写成的。他说，"很多书，我读一遍还不能动笔，必须读两遍，同时做笔记。许多问题，写下来才能思考得更透彻、更清晰"。谈及写作，他说："文章没有速成法，只有打磨出雄文。"对此，他心存庄敬，立身亦修心。

3.图书发行企业要强调"文化强企"

文化乃一个企业的立身之本，图书发行企业更是如此。唐俊荣将"文化强企"理念渗透进每一个图书宣传营销策略、每一处门店管理及每一个岗位的从业者的素养要求当中。

在图书宣传营销方面，他强调通过文化内涵挖掘的方式将书的特色体现出来，以增强省店在图书发行市场上的差异性竞争实力。

当时互联网尚未兴起，唐俊荣就提倡灵活应用广告宣传方式。在他看来，图书销售，销售的是文化，要准确把握文化的特点，广告对于图书发行工作来说，既是营销策略，也是直接宣传；既是服务读者的一种手段，也是树立企业形象的一种途径。

唐俊荣（前排左四）与叶兆言（右二）、苏童（前排左三）在一起

唐俊荣与时任新闻出版署顾问王益合影

那时，作家签售也是图书宣传营销的重要途径之一。每次书店组织作家签售会，唐俊荣只要在长沙，都会陪伴在侧。在《梁凤仪长沙签售创纪录》这篇文章里，他记录下1993年7月香港财经作家梁凤仪到长沙市新华书店进行作品签售时的盛况："这一天共签售六千多册，她那只拿钢笔的手因疲劳过度而麻木，晚上进餐时连筷子都拿不得。这次签售，创下了她个人签售的新纪录，同时也是长沙市新华书店作家签名售书的新纪录。"

在门店管理方面，唐俊荣强调"细微之处见真章"，要求从优化图书陈列、调整营业时间、美化门店环境、加强图书宣传等维度提升门店的品质感与文化感。

当时不少基层门店陈旧不堪，服务质量滑坡，他看在眼里、急在心里，时时留心、处处着意，关注门市建设之困、探寻门市优化之策。

针对门市图书陈列布局不合理、读者找书难的问题，他提出"条块分割，大柜按类，小类从俗"。"大柜按类"指大专柜按标准的图书分类法设置；"小类从俗"指专柜内部的书籍陈列要充分考虑读者需求，灵活多样，推陈出新。如此，一个个专题系列的书架书台，如同报纸版面，既是一个丰富多彩的"拼盘"，又有重点突出的专栏。

关于门市营业时间，他指出经营责任制是解决营业时间的"催化剂"。对于门店营业人员"身在书海不读书"，闹出将毛边本看成半成品要退货的笑话，他提醒："图书发行人员一定要有提高自己的科学文化知识和管理能力的紧迫感，要知书、懂书，做好书籍的宣传员与读者的购书参谋。"除深入调研、提改进建议外，他还通过建章立制，规范保障门市建设。到1994年底，全省门市平均营业面积达445.4平方米，陈列图书品种7463种，营业时间为8.5~13.5小时不等。

唐俊荣还倡导图书发行员要关注文化学术动态，把握发行时机，抢占市场先机。譬如，改革开放初期，新兴阅读潮流兴起。唐俊荣见许多书店反应迟钝甚至不为所动，尖锐地指出："我们有个致命的弱点，那就是太不懂书了！""我们这一代发行人是从品种单纯、舆论一律的环境下成长起来的，发那些'普及到户''人手一册'的册子，有着高度的'自觉性'和丰富的'经验'，而对于满足读者多层次的、零散的，甚至是生僻的需要，则很不适应。"他提醒，一定要"多多留心文化学术动态，从宏观上掌握我们服务工作的大体方向和各个时期的具体内容"，"进销业务坚持以客观实际为检验标准，不抱成见地、不按个人好恶地审慎对待各类图书的备货"。这些话语在今天听来，仍有千钧之力。

最为重要与难得的是，唐俊荣执掌省店期间营造了一种民主宽松、向上向学的文化氛围。他见识广博、随和谦谨、幽默风趣，加之一副好口才，他与人交谈，任何话题抛过来，都能"接得住"，还能"接着讲"。大家说："每次我们出去，总听到他一路讲故事，把大家逗得哈哈大笑。他自己呢，却正襟危坐。大家就笑得更欢了。"而"对于新颁布的政策、新的市场形势，他也能在最短的时间用最少的话语抓住要点，融入实际，将道理讲深、讲透、讲实"。"在大会上讲话，他从来不要底稿。说完记下来，就是一篇好文章。"这种风范着实令人惊叹、心生向往，感染了当时省店的一批年轻人。

对于年轻人的学习与成长，唐俊荣从来都是赏识鼓励、帮助成全。在桂阳氮肥厂时，主管会计是个年轻小伙子，经验不足，唐俊荣悉心培养其独当一面的能力，两人结成忘年交。

在攸县蹲点调研时，唐俊荣看到刘本仁扎实的基本功，十分赞赏，便鼓励他编写《读书指南》，并从方方面面给予其实实在在的支持。刘本仁回忆说："我写作时间不够，他专为此事到攸县书店，找经理协商

《图书发行管理学》编写组成员合影（从右至左依次为：唐俊荣、陈国斌、陈章远、陆宝琪）

唐俊荣参与编写的《图书发行管理学》和《图书广告宣传》

解决。让经理不要我去参加晚上的学习，给我时间写书。还说门市部可以请一个临时工替上半天班，由省店出工资。我没有稿纸，他每次调研就特意带来。初稿完成后，他专门写了几千字的修改意见。书出版后，他又特意写了一个专页征订单，向全国各省新华书店发函请求协助征订，并专门写信给全国书店门市部经理，推荐我写的这本书。这还不够，他最后还写了两篇书评文章，分别刊发在《图书发行》和《主人翁》杂志上。"这些，刘本仁一直感念在心。访谈时，他对我们说的第一句话就是"唐老总是我此生最佩服的人"。

　　对于日常培训与业务练兵，唐俊荣一直抓得严。曾在省店办公室工作的杨林回忆说："每次全省性的大型岗位业务练兵比赛，从设计、命题到演练、评判，一整套流程的规章制度都是由唐总亲自制定。"唐俊荣还投入时间参与了我国首批高等院校图书发行专业试用教材《图书发行管理学》与图书发行中等专业统编教材《图书广告宣传》的编写工作。

　　对于教材编写，唐俊荣慎而又慎。"我在编写这两本教材时，启用的是自己几十年的实践经验，同时借鉴了与之相关的管理学、经济学、社会学、广告学等学科相关著作。""科学管理之父弗雷德里克·温斯洛·泰勒的《科学管理原理》、傅汉章和邝铁军的《广告学》等书更是一遍又一遍地精读。""在编写《图书广告宣传》一书时，所有能找到的广告学著作都读了一遍。"他希望通过这些内蕴实践智慧与理论思考的教材影响更多的人，让更多的人认识到图书发行的专业性与文化性的重要。

　　"发行家"这三个字，对唐俊荣来说，当之无愧。他让图书发行这份工作、这份事业充满了文化的气息、文化的质感和文化的魅力。2019年9月30日，中国新华书店协会授予唐俊荣"中华人民共和国成立70周年新华功勋"荣誉称号，这是对他经营管理突出才干与劳绩的表彰，也是对他四十五载新华岁月的崇高礼赞。

退而不休办报纸，堪当"好参谋""好顾问"

1996年3月，唐俊荣从新华书店退休后，受书店之托，先到培训科协助编写、审订各种培训教材。半年后，他又全力负责组队参加新华书店建店60周年"全国新华书店业务技能大赛"。他编写教材、制定标准、设计程序、理顺协调机制，发动全省书店岗位练兵，层层举办选拔竞赛，忙得不可开交。

当时的参赛队员易春花就是从永州市新华书店被选拔进省集训队的。她回忆说，"那是我第一次见唐俊荣老总。他一点领导的架子都没有，更像是一位平易近人的大家长，还是一个'超级大书虫'。关于书的什么问题，你问他，他都能回答。令我们佩服不已"。

队员钟福安回忆，"我的普通话说不好。唐老要我每天晚上7点到他房间。他就用一个小录音机来校正我的吐字发音。当然，这个'改造工程'太难了，我到现在也讲不好普通话"，但他从未责备，反而更多关照。多年后，钟福安工作遭遇瓶颈，写信给这位最值得信赖的长者，没想到很快就收到了回信，信中既有中肯的建议又有温暖的鼓励，两人一来一往写了多封。20多年过去，这些书信的原件钟福安都还完好地保存着，他说："我很庆幸，我一个草根，在懵懵懂懂初入职场时，能有机缘得遇唐老。他是我人生幽暗困顿时的一束光，是我心中那盏摇曳不熄的'小橘灯'。"

在唐俊荣的心里，也有一束光。那便是对新知的渴望和对文化的追寻。1997年元旦，全国新华书店业务技能大赛湖南省队集训结束，唐俊荣辞去省店"补差"来到北京，开启人生新征程——10年报业生涯。

1997年，唐俊荣在中国图书商报社办公室

弘征写给唐俊荣的信

邓耘写给唐俊荣的信

他先是应邀到《中国图书商报》（以下简称商报）任总编辑，在商报工作近4年。后受邀回湖南参与创建《潇湘晨报》（以下简称晨报），在晨报工作近6年。

退而不休的10年时间里，他倾心尽力、兢兢业业，把握办报的高度、深度、准度与温度，被员工赞为"好参谋""好顾问"。

从主管新华书店到办报纸，这样的跨界能适应吗？唐俊荣也曾这样问自己。在时任商报常务副社长程三国眼里，唐俊荣是"最佳的总编辑人选"。

1996年3月，程三国第一时间得知唐俊荣退休的消息，便极力向社长邓耘推荐，希望将唐俊荣请到商报来。时值商报改革最困难的时候，邓耘也正有此意。他与唐俊荣在各自任省店经理时就已相识，对唐俊荣极为欣赏。

同年7月，新华书店总店党委书记周昌喜遵邓耘之意，在参加完商报于张家界召开的全国通联会后，专程来长沙找唐俊荣谈话，提出邀请他出任总编辑一事。唐俊荣初闻感到突然，未做决定，回家与妻子商量，妻子非常支持，于是他答应了这一邀请。

妻子深知，唐俊荣内心一直有一种文化情怀、文化追寻。办报纸，可以更亲近文字，是他所爱，亦是他所擅长。唐俊荣后来也在写给友人的一封信里说："搞报纸，就我的能力和水平，也不适应。唯其不适应，才感到有一种追求的新颖感。"

1997年元旦，唐俊荣赴任商报总编辑。当天恰逢北京大雪，飞机落地后不准出舱，前后等了一个多钟头。他心疼外面接机的人，但苦于没有手机无法告知。出站后，他发现是程三国亲自来接机，彼时的程三国已冷得发抖。唐俊荣既意外又感动。

当晚，新华书店总店总经理邓耘在唐俊荣的临时住地北礼士路宾馆设宴为其接风，总店和报社的主要领导都来了。席间，一个高大魁梧的小伙子走到唐俊荣身边，递给他一沓文件，说："唐总，这是明天报纸的大样，请您审签。"程三国介绍说这是总编室的尚英林。就这样，还未正式报到，唐俊荣就开始上班了。

一份报纸能否吸引人，选题是关键。唐俊荣认为，商报定位于"商务媒体"，一定要在商言商，商业眼光和产业思考缺一不可，商报的选题要能"浓缩书业精华，传递出版商机"。

在商报工作的近四年时间里，他与常务副社长程三国一起，和同事们策划、讨论了许多重要、关键的选题。其中，既有对国内书业的观察与思考、实践与调查，亦有对国外书业发展经验与新知的瞭望与传播，把脉书业，引领发展。

譬如，曾经轰动一时的"中盘雄起"大讨论。改革开放以来，我国图书市场规模不断增长，人们开始注重图书供应的精确性、时效性，这就要求图书出版供应链上中下游企业间加强信息的采集与沟通，加强物流的配送工作等，图书市场需要有一个强有力的中盘承担起信息流、物流、资金流的组织角色，使图书市场获得突破性发展。"中盘要雄起"成为当时理论界和业内人士的共同呼声，商报适时发起"中盘雄起"大讨论。

为此，唐俊荣拜访了许多有真知灼见的行业专家。他首先拜会的是出版界老前辈王益。王益是新华书店总店第一届副总经理、第二届总经理，当过文化部出版局局长、国家出版局副局长，对书业市场洞察深刻，眼光独到。唐俊荣将商报正在开展的"中盘雄起"大讨论向王益作了汇报，并向他约稿。

"我曾多次听过王老的讲话和报告，但是从来没有跟他单独见过面。王老住在当时文化部的老宿舍朝内大街高知楼里，"唐俊荣清晰地记得当时的情形，"我进去的时候王老正在写作，看到我来立即起身招呼，我扶他坐下，两人没有客套便开始汇报工作。待我汇报完毕，他就'中盘'的含义谈了自己的意见，并介绍了一些国外的情况，还一再强调，讨论要结合改革实际，防止钻入纯学术的牛角尖。"

这次拜访对推动"中盘"的深入讨论起了关键性作用。1997年6月20日，商报第一版刊登王益撰写的《我也来谈"中盘"："中盘"探海》，引发业界广泛讨论。此后，唐俊荣每过一段时间就拜访王益一次，送选题计划、样报或稿费。而这场关于"中盘"的讨论，也深深牵动了出版、发行人的心。

又如，1997年新华书店创建60周年的专刊策划。"重塑主渠道形象，重振新华书店雄风"是商报的办报宗旨，新华书店创建60周年是商报的一件大事。唐俊荣反复思量琢磨，与同事们特别策划一期专刊作为贺礼。他起草方案，报总店批准后分头行动。首先是约稿，其次是写稿。唐俊荣的任务最重，一要准备一篇社论，二要以"本报编辑部"名义写一篇《从延安石窟走向新世纪——新华书店60年发展概况》。这篇文章分量重、难度大，大家都感到无从下手，写作重任自然交到了唐俊荣手里。他笑言："好在我在湖南的时候就做过店史研究，还专门给湖南省新华书店的员工开设过店史课，有现成的材料可拟作框架草稿，只要在此基础上进行丰富、完善即可。"多年的积淀让他非常顺利地完成了这篇既应景又极具史料价值的万言大稿。

这期精心制作的《新华书店60周年店庆专刊》一共24版。头版是龚心瀚、于友先、刘杲三位领导的纪念文章；二版是涂国林、徐伯昕、史育才、王益、王璟、汪轶千、邓耘等历届新华书店领导人的访谈录；接下来是王蒙、马季、赵忠祥、何祚庥、李琦、刘湛秋等文化名人谈"名人眼中的新华书店"和唐俊荣执笔的那篇文章；再下面

《新华书店60周年店庆专刊》

唐俊荣起草拟定的潇湘晨报社系列规章制度

是各省市自治区书店的祝贺专版。版面之精致、编排之雅正、内容之丰富、文章之精彩，足显匠心与诚意。这份贺礼最终呈送至400余位参加"新华书店成立六十周年纪念座谈会"的代表手中，一时成为佳谈。

座谈会后，时任国务院总理李鹏在中南海紫光阁接见新华书店代表，并作了即席讲话。该年年终，商报又刊发了一篇专稿《1997——中国书业主渠道年》，集中展现新华书店图书发行主渠道的活力与风采。其间，有唐俊荣对新华书店逆境崛起的鼓与呼。他的心，始终牵系着新华书店。

诸如此类的大讨论、大制作还有很多。关于商报盛况，我们从其后来整理出版的一套《中国图书商报文丛》中得以感知。文丛一共有5本，包括《中国书业思考》《中国书业透视》《中国书业调查》《世界出版观潮》《世界发行扫描》，是由1995—2001年年间发表于商报的文章选编而成。一页页翻过，风云激荡，真是书业万机，商报一纸。它是读者心中的书业"望远镜""显微镜"，是名副其实的"中国书业第一媒体"，见证着中国书业的一段芳华岁月，留存下绵延永续的商报精神。

2000年8月，唐俊荣结束"北漂"回到长沙，担任《潇湘晨报》总编辑顾问。常人理解，"顾问"是个虚职，但唐俊荣却把它做得比实职还要实。他将自己定位为总编辑得心应手的助手。他具体分管总编室，主要任务是招录、培训采编系统的员工，制定采编体制和机制的运行规则，管控报纸质量体系，考核采编系统员工的绩效以及向外发布采编信息。

晨报初创，从全国各地延揽了一大批优秀人才。其中，有不少是经唐俊荣手招来的。他慧眼识珠，知人善用，生怕有遗珠之憾。当时很多年轻的编辑、记者并没有受过专业训练，不熟悉报纸的规范与要求，一开始错误频出。为提升工作质效，唐俊荣提出了许多行之有效的办法，一些沿用至今。

比如他建立的"评报体系"。唐俊荣会在每天上午9点左右针对当日报纸进行点评。"这是我们既期待又紧张的环节。唐老会从标题到正文，从版面到标点符号都进行详细点评。做得好的不吝表扬，做得不好的提醒改正，"曾一起参与晨报创办、时任晨报编辑的赵宝泉说，"他还会结合其他同类报纸的同类报道进行横向点评，让大家及时看到他人的创新点。点评后，他会将点评报告贴到评报栏，供大家会后细读。"

"每次点评的时候，只要我们有一点点进步，唐老都会给予鼓励，"晨报原记者何谷说，"他在严守质量的同时，给了大家野蛮生长的时间和空间。"品质与个性兼顾，严苛与激励并存，这或许就是晨报的底气与锐气之源。

他还提倡"点读法"。晨报是日报，内容急、版面多，还涉及不少党政报道。为保证出报效率，同时减少差错，唐俊荣要求责编、版块主编等用手指指着每一个字通读一遍，尤其对于重要稿件和标题，一定要用"点读法"过一遍，以确保万无一失。

唐俊荣深知，没有严格的管理，报纸决计走不长远。为此，除了创新工作方法，他还建章立制，找到管理准绳。"在晨报，我们是有一份'天条'在的。"晨报总编室的陈立说。这份"管理天条"，要求记者保证新闻的真实性，不得利用工作之便索要红包，不得剽窃稿件，不得传抄或杜撰新闻，不得泄露报社独家重大新闻线索；要求编辑不能采取不正当手段为商家宣传，不能为谋私利采取不正当手段为单位或个人"了难"，所编稿件绝不能出现重大政治错误或者重大技术性差

2023年3月，本书全媒体项目组访谈唐俊荣现场

2023年3月，本书全媒体项目组与唐俊荣合影

错等，被晨报沿用至今。

唐俊荣说："当时晨报很多编辑记者比较年轻，阅世尚浅。这个'天条'是绝不可以触犯的。一旦触犯，报纸是要出事的。"大家都知道，"天条"是底线，更是晨报健康发展的生命线。

选题是关键，质量是根本。为确保稿件报道质量和版面编校水平，提高晨报的公信度和权威性，"唐老起草了《潇湘晨报出版流程规范》《潇湘晨报社稿件、版面审核流程基本职责规范》《关于规范稿件电头和作者署名的通知》《关于几个版面技术问题的建议》等规章制度"，晨报总编室的吴哲向我们展示当初唐俊荣拟定的一系列文件，"这些文件中，有对报纸的出版流程、稿件报道的审核流程机制、具体内容的格式规范以及版面设计的详细要求"。由此可见，晨报当时从零起步即快速成长，一出手即不凡，赢得发行市场、社会赞誉，这些制度是重要基石。

为保障这些规范切实落地，唐俊荣后来还起草制定了《潇湘晨报编校差错罚扣办法》，对编校差错、重稿漏稿、违反编辑出版流程等方面的罚扣办法作出详细解释。唐俊荣说："这一份差错罚扣办法，其目的并不在惩罚，而是倡导采编人员精益求精，不断提升自己的编校水平，保证报纸的内容质量。"

规章制度是原则，是准绳，是保障。但所有的管理，最终都要回到人本身来。事为先，人为重。在晨报人的记忆里，唐俊荣对待工作非常认真投入，几乎每天都要到凌晨一两点才下班，回家睡不到几个钟头，上午九点又赶到报社上班。"无论上班、开会，抑或只是一场小型讨论，都从不迟到，哪怕一分钟。"在原则刚硬、认真严谨的同时，他为人又极谦和包容。"晨报每天都要开编前会，唐老从未缺席。他会认真听取采编人员的策划，给出补充性、优化性建议。他非常尊重大家的想法，偶有他不认同的选题也不会强制要求，只是坦诚地说出自己的看法，给大家做参考。"在编前会上，他讲得最多的是关于报纸的"文化含量"。他经常针对报道中的问题，作一些这方面的科普。如"'软水'和'硬水'""行文中的数据表述"等常识，大家很感兴趣。

关于唐老的包容，在晨报总编室原主任贺正举的记忆里，亦尤为深刻。有一次，唐俊荣读到她写的一篇随笔，还特意到办公室对她说："小贺啊，这篇文章不错，有点明清小品的味道了。"对于刚提笔写作的年轻人来说，这无疑是莫大的鼓励。

晨报的员工来自五湖四海，大家都带着各自的成长经历、教育背景、新闻理想与价值观，又都年轻有才，难免心浮气躁。在大家心里，"唐老像一根'定海神针'，有他坐镇，心不慌，遇事敢干，逢难敢上"。

"不只在工作上，平常生活中，唐老也给我们很多帮助。那时上晚班，一般要到晚上一两点才能定版，唐老每天也要等最终定版签字后才能回家。报社给唐老配了车专门送他，但他每次都优先照顾一起上晚班的编辑。要么让晚班车顺路送一段，要么索性让司机送他们回家。"贺正举、张蕾蕾不约而同地忆起这段经历，十分感动。"他自己有困难从来不告诉我们，但是每次我们有什么需要，他都会尽力帮助。哪怕到现在，我们有时去看他，他也总是早早备好水果，站在窗台处等着我们。我们只要站在楼下喊一声，他就会在窗台回应。"吴哲谈及此处，忍不住哽咽。

大家遇到问题，都习惯去找唐老。甚至有员工想离职，也前去请教。他总会站在员工的角度而非只是报社领导的角度，仔细分析利弊，提供参考。对于离职后又回归的员工，他一如既往地宽厚以待。"有一次，一位离职后又返回晨报工作的员工在电梯里遇到唐老，感觉十分不好意思。难为之际，唐老拍拍他的肩膀，笑着对他说'革命不分先后'，一下化解了他的尴尬。"晨报原编辑王世军深深感佩唐老的幽默机智与宽容仁厚，他说："唐老让我们在晨报有了家的归属感。"

在唐俊荣心里，工作的辛劳都不算什么。"真正感到精神压力大的，还是报纸出事之后的处理。那时经常晚上刚下班到家，就有电话要我赶回报社，有时通晚赶写检讨。"有些棘手事件很难处理，要花费很多时间。还有些事情，蹊跷又搞笑。"还记得，有一对婚外恋的情人，在步行街屋顶花园相拥赏花被我们摄影记者拍到，被作为步行街屋顶通道报道的配图。见报后双方亲属看到这一铁证，要离婚的，要上吊的，死去活来地闹到报社，弄得我们百口难辩。"

"遇到问题，唐老第一个上。有利益却第一个退。"唐俊荣的勇于担当与淡泊名利，也深深地刻印在同事们心里。"最开始报社安排了车每天早上去接唐老上班，没多久唐老就拒绝了，他说不想搞特殊化，占用报社资源。""后面晨报分房，唐老也坚决不要。他是完全可以领的。他既是创报老领导，又在晨报工作这么多年，"赵宝泉说，"我们都劝他接受，但他坚决不要。唐老在精神维度极其丰富，但在物质层面十分淡泊。他身上有真风骨。"

十年报业，唐俊荣担纲的既是开创性也是奠基性的工作。在商报，他临危受命担任总编辑，调动起所有的学识、阅历与经验，带领大家"以商报一纸撬动书业万机"，参与并见证了20世纪末"商字大旗"在书业中张扬的活力，见证了一批又一批书业新锐力量的崛起；在晨报，他与其他创始者一起开创了湖南报业"一报独大"的新时代，使晨报成为"记录湖南、演绎湖南"的时代风标、"推介湖南、放大湖南"的地域名片、"影响湖南、创新湖南"的权威媒体。这是他"为书业一生"浓墨重彩的另一笔。

一座新华书店博物馆

从青葱少年到耄耋老年，书籍如同良师益友陪伴唐俊荣左右，而他也投身书业，为之奋斗了一生。结束10年报业工作，他仍未休息，而是将工作台搬到了书房。"从回家的第二天开始，就一头埋进了书堆，简直到了废寝忘食的地步。"老伴身体尚好无须照护时，唐俊荣每年的阅读量都保持在20本左右的大部头，外加自己订阅的《潇湘晨报》《快乐老人报》《收获》《人民文学》等报刊。他于百道网开专栏，写读书笔记。近两年，年近九十高龄的他还在湖南省新华书店"新华在线"上发表"藏书翻晒"系列文章。

除日常读写，唐俊荣还将大量精力投入对新华书店店史的整理与研究当中。"刚进店那时，就听到关于新华书店的种种传说，心里特别好奇。从那以后，我就注意收集各种书店史料碎片，一边整理一边使用。"对店史展开系统性梳理，则是他1978年重回省店办公室工作后才开始。

知其源流，明其本末，方能安心定志。自20世纪70年代末起，唐俊荣就在省店培训班开设了"书的知识"与"店史"两门课程。春风化雨、研究写作，成为他几十年书店生涯的精神寄托，也为他晚年开展店史研究积累了扎实广博的史料素材。

"一部书店史，也是一部革命史。"这是2017年唐俊荣在新华书店成立80周年纪念日写下的一句话。研究店史是寻索过往经历掌故，将宝贵的"新华经验"与"新华精神"呈显于今人，供溯望鉴戒。

唐俊荣对店史的研究，既有卷帙浩繁的资料爬梳，亦有亲身经历的细节见证；既有覆盖新华书店完整发展脉络的编年史成果，亦有对

唐俊荣晚年钻研新华书店店史

各类专题与细节问题的考证，可谓广度、深度、精度兼具。

他系统地整理了新华书店发展编年史。其于新华书店创建60周年写作的《从延安石窟走向新世纪——新华书店60年发展概况》长篇纪实，就是这一研究的重要成果之一。对于湖南省店的店史梳理，唐俊荣也是按照这个模式，将自新华书店华中管理处派出南下小分队来湖南建店起，一直到改革开放这一个时间段内，所有湖南省店的史实，排列成有逐日日程的资料集。知来处，方能明去处。经过唐俊荣的努力，我们始能见到湖南省店准确而清晰的发展脉络。

他串联、考证了新华书店发展的一些重要历史细节。"串联"即"将同一时期或者同一个主题的历史碎片，用一根线串起来，使之成为一个逻辑严谨的史实"。唐俊荣于新华书店创建80周年之际，写下的《新中国成立前后新华书店的历史地图》，就是一篇结构精巧的历史碎片重新组合型文章。他将新华书店建店50周年时全国各省、市、区写的店史摘录下来，按照解放战争发展进程及各店在全局中的战略地位，重新拼合成一幅新华书店建店态势地图，"六个大区总分店，三十个省市分店，一个不漏，一个不错"。这一独特视角，让我们看到新华书店发展过程中的许多新鲜景色，意义颇深。

而对于历史细节的考证，最具代表性的要数唐俊荣关于新华书店创建日期考证的梳理。一直以来，对于新华书店的具体创建日期众说纷纭。后来经专家学者考证，确定为1937年4月24日。但许多人对于该日期到底是如何确定的不甚了解。为此，他基于数十年间所有涉及新华书店创建日期的研究文章、回忆录等资料，展开对比研究，一件一件地将史料纳入两两比对、争论的语境之中，一点一点去伪存真，构建起一条逻辑严谨的历史证据链。"有一份史料，说一分话。"这种研究功夫，既要有"绣花针"的考证，又要有"开山斧"的宏观史识，

唐俊荣在新华书店湖南图书城

2019年，中国新华书店协会授予唐俊荣"中华人民共和国成立70周年新华功勋"荣誉称号

更要有超凡的记忆力与耐力。

他还按需按专题分类整理、呈现、应用店史。唐俊荣认为,做店史研究,除了要梳理店史,更重要的是"要会用"且"能用好"。他"根据各个时期的需要,针对不同受众,将庞大繁复的店史编成各个主题供使用"。比如针对管理体制改革话题,他将自1937年1月党中央从保安进入延安组建党报委员会起到改革开放这个过程中,新华书店所发生的每一个体制变化细节都记录下来,写成了一篇《新华书店管理体制的历史演变》,被行业内专业报刊多次转载。

近年来,唐俊荣常受邀给新华书店员工们讲党史、讲店史。他结合不同需求,梳理出"党办书店、党管书店""不同时期新华书店的业务方针"等不同专题的店史讲稿。每一次讲座,他必结合受众需求,力求讲到点子上、讲出新意来。他总是别出心裁地通过背景信息的引入、相关知识的叠加等方式,让枯燥的历史知识情境化、生动化。比如,"讲到东北新华书店随军进关时,将平津战役的天津一战作为背景引入,就增加了它的全景感与紧迫感。讲到毛主席为全国第一次出版工作会议题词'认真作好出版工作'时,附带普及一下语文知识、编校知识,指出有些人在引用这个题词时,常错写成'认真做好出版工作'。其实是'作'而不是'做'。这两个字的区别很简单:抽象用'作',具体用'做'"。大家听了很感兴趣。

如此巧思的背后,是日复一日的积累与精益求精的执着,而这样的工作也必然是要耗费大量心神的。但唐俊荣心中,始终有一种责无旁贷的使命感与紧迫感。他说:"我研究店史有一个别人不具备的条件,那就是店龄长、经历多、见识广。省、地、县三级书店我都待过,营业员、会计、审计、办公室、内刊编辑这么多个工种我都做过。南下建店小分队的14个队员,我见过12个,是全省唯一一个现在还健在的历史见证人。""店史还有很多东西要搞，若能假我以时日，我还能搞出一部大的书店店史。"史海无涯，研究无止境，而生命却永远无法超脱肉身的局限。这位一辈子从容淡定的老人，此刻在与时间赛跑。

有人说："唐俊荣是一座新华书店博物馆。"这个比喻甚为贴切。70余年书业生涯，他目睹、亲身经历了新华书店的成长，分担过它的艰难，感受过它的阵痛，也分享过它的荣耀。他的生命体验，已与新华书店的发展融为一体，书店史亦是唐俊荣的个人成长史。

今天，我国出版发行行业已发生巨变。物联网、云计算、大数据、元宇宙、人工智能的高速发展，促使跨区域、跨行业、跨文化的整合不断形成。销售渠道、营销模式、产业形态不断变化，实体书店生存艰难，转型势在必行。湖南"新华人"又一次站在了新的十字路口。其间所面临的问题与改革之初倒有几分相似。唐俊荣及老一辈湖南"新华人"胸怀大局、敢为人先的创业精神，履职尽责、勇于担当的实干精神，涵容开阔的生命气象与文化格局，值得我们深情回望、久久重温。

如今，这座"新华书店博物馆"，已竭尽所能将那些不可忘却的时光记忆从历史长河中打捞出来，认真梳理、妥善安置，让其静静地立在那里，留待世人翻阅，告诉人们，"新华精神"从未走远。

唐俊荣与书的故事，还在继续。他依然每天坚持读写，关注书业圈、文化圈的最新消息。2023年4月24日，新华书店86周年店庆日，我们与先生约好来到湖南图书城。先生一身灰色西服，身姿笔挺，在一排排书架前，他凑近取阅，慢慢摩挲。那一刻，时光闪回，我们仿佛看见70多年前那位在书柜前奔忙的少年。

书业一生，千帆历尽。他依然是那个爱书懂书、俊朗如斯、文雅清秀的少年。

唐浩明

大编辑的修炼与境界

执笔人——余孟孟

唐浩明

2003年秋天，唐浩明与近百位作家受邀在杭州参加首届浙江作家节，其中最重要的一个项目是"走进浙西"文学采风活动。唐浩明和部分作家被安排去参观浙江江山县（今江山市）一个名叫"廿八都"的古镇。

这天下午，唐浩明一行在青石板铺成的古街上边走边看。不远处一栋老旧的民居门口，一位老人正在低头看书。突然，有位作家说："我们去看看那位老人在读什么书？是不是我们中间这几个人写的？"这个现代版的"旗亭画壁"立即引起大家的兴味，都说这主意妙。大家走到老人跟前，看到老人将书平摊着，一个木夹子夹着书的前面部分。

有个作家迫不及待地请老人将书翻过来,暗红色的封面上是"血祭"两个大字,中间是黑底白字的"曾国藩"。原来,老人看的,是唐浩明在湖南文艺出版社出版的长篇历史小说《曾国藩》的第一部《血祭》。

"这是我一生中最让我感动的一幕。在一个边远的山村,一位素不相识的老人在认真读着我的书。作为一个作家,我感到莫大的荣幸和安慰,"多年之后,唐浩明提起此事还是有几分激动,"这比什么奖都要好,它珍贵的程度超过任何奖项。"

唐浩明的长篇历史小说《曾国藩》自1990年底由湖南文艺出版社推出以来,迅速走进千家万户,读者群体广泛而多样,既有山区老农又有政界高官,有报刊曾报道:中央一位领导同志视察长沙时,还向湖南省委书记询问《曾国藩》一书的情况。

随着小说《曾国藩》的风行天下,该书作者唐浩明逐渐引起人们的好奇与注意。1995年,有人在公开发表的文章中将这份好奇袒露了出来:"读完《曾国藩》三卷的最后一页,我掩卷而不愿释手。是谁有幸掌握如此丰富的史料?是谁有如此高妙的驾驭文字史料的才能?是谁有如此胆识直闯禁区?"这一连串的疑惑与追问,代表了当时很多人的心声。尽管如此,大多数人对唐浩明的认知还仅限于著名作家,对其职业并不了解。特别是近30年来,小说《曾国藩》的常销、"晚清三部曲"的魅力、"评点曾国藩"系列的出彩,更凸显了唐浩明作为作家以及学者的身份与名誉,人们常常忘记、忽略或不知唐浩明坚守40年的出版社编辑的职业与身份。

"三十多年来,我走过了一条从文献整理到文学创作,再到文本解读的道路,看起来扮演了编辑、作家、学人三个角色,"唐浩明说,"其实,我一直立足于编辑这个岗位。"唐浩明所言不虚。2015年早已名满天下的唐浩明,以《一个编辑的追求》这样一个质朴的、自报家门式的标题发文，讲述自己的人生经历和编辑生涯。

事实上，正是立足于编辑的职业、依靠编辑的身份、发挥编辑的优势，唐浩明才从一名编校《曾国藩全集》的青年编辑，逐渐成长为创作《曾国藩》等历史小说的作家型编辑，再成长为"评点曾国藩"和研究湖湘文化的学者型编辑，树立了一个文史编辑成长成才的文化标杆，确证了一个职业编辑所能达到的文化高度和精神境界。

历史弃儿：时代剧变中的生命微光

1946年，唐浩明出生。他的父亲唐振楚当时是蒋介石的机要秘书，母亲王德蕙是国民党湖南省党部委员。可以说，唐浩明出身优渥，同时还遗传了父母身上的优秀基因。

唐振楚，1914年出生于湖南衡阳乡间一户农家，自幼勤奋好学、谨言慎行，先后就读于南京中央政治大学和中央干部学校研究生部，后赴美国哥伦比亚大学研究院深造，获硕士学位。唐振楚先后任湖南省政府法制专员、秘书、参事，31岁便出任蓝山县县长。大眼、瘦削的唐振楚有着十足的书生气，同时又有实干家的魄力。资料显示，唐振楚在任县长期间，进行了大刀阔斧的县政整顿。裁撤冗余机关、修水利、重教育，骑马、走路行遍全县七乡一镇。在他的治理下，蓝山县以"无盗窃、无牌赌、无摊派"闻名全省。因政绩斐然，唐振楚连越几级成为蒋介石的机要秘书。去台湾后，唐振楚长期负责处理蒋氏核心机要事务。1984年退休，1999年逝于台北，享年85岁。

王德蕙也是湖南衡阳人，出生于1908年，逝于2003年，享年95岁。青年时期的王德蕙是一位很前卫的女性，是衡阳当地第一个受师范教育的女子，是县里第一个无线电广播员，还是湖南省第一个女性国民党省党部委员。她20岁出头便做了小学校长，此后长期从事教育及相关工作。随丈夫去台湾后，王德蕙成了一名虔诚的基督徒。王德蕙知书达理、富有同情心，她有一种特别的能力，就是可以让任何与她相处的人都得到尊重、感到舒服。

1948年,王德蕙和她的孩子们。怀中抱着的是唐浩明

当唐浩明降临到唐家时，唐振楚夫妇已经有了两个孩子。老大唐翼明，生于1942年。老二唐漱明是个女孩，比翼明小一岁。浩明的到来，让哥哥姐姐多了几分好奇，也让本已热闹的唐家又多了几分欢乐。可以说，唐家的这三个孩子最初是受到了精心而特别的照料的。他们有美味的点心吃，有汽车可以坐，有保姆给他们洗澡，有机会到照相馆里照相，还有高文化素养的母亲给他们读书讲故事。

然而好景不长。随着国民党军队的大面积溃败，蒋介石迫于各方压力宣布下野，由李宗仁代行职权，蒋介石身边的人都在各寻出路。再加上蒋介石的"文胆"陈布雷自杀，确有一种"大树倒，猢狲散"的凄凉之感。

与此同时，国民党慌忙部署向台湾溃逃。除了抢运大量国宝和黄金到台湾，还送了一批著名学者去台湾。一些人在迷茫彷徨中被时代的浪潮裹挟着去了台湾。在历史剧变之际，个人的命运被无情地碾压。生死荣辱，有时就在一念之间。

作为蒋介石的机要秘书，唐振楚此时不得不为自己和家人寻生路、谋出路。当时，摆在他们夫妇面前的有三条路：

第一条路，是脱离国民政府，夫妇俩和三个孩子一起留在大陆。第二条路，夫妇俩带着三个孩子随国民政府一起逃往台湾。第三条路，将三个孩子留在大陆托人照看，夫妇俩随国民政府去台湾。

唐振楚的哥哥、三个孩子的伯父说："这年头兵荒马乱，你们带着三个这么小的孩子怎么办？不如暂时把他们留在乡下。"

唐振楚夫妇情感上有无限的不舍，犹犹豫豫，一时决断不了。恰好，在他们准备离开衡阳城去广州的前几天，乡里老家来了两顶轿子送人进城，返程轿子是空的。有亲戚就向他们建议："不如就让孩子们坐这两顶空轿子回乡下吧。"他们这才狠下心，决定把三个孩子送到老家哥哥那里。轿子回去的时候，翼明和妹妹漱明坐一顶，保姆和三岁的浩明坐一顶。真的刚刚好。"这就是命，是上帝的安排。"后来笃信基督教的王德蕙提及此事时，总这样说。

谁能想到，对唐浩明而言，与父母这一别，便是36年。在这段漫长的时光里，是哥哥唐翼明启迪和引领着他对精神世界的追求，也是哥哥维系和牵连着他与父母之间的血亲关系。

唐翼明，1978年考入武汉大学中文系硕士班，1981年3月提前毕业，成为中国改革开放新时期第一个获得硕士学位的人。1982年进入美国哥伦比亚大学，师从著名学者夏志清。1991年博士毕业后，唐翼明赴台湾侍亲，先后任教于台湾中国文化大学、台湾政治大学等，是赴台开讲大陆当代文学的第一人。2008年从台湾政治大学退休后，返回大陆，定居武汉，任华中师范大学国学院院长、长江书法研究院院长等职务。

自称"东西南北之人"的唐翼明，晚年以"百折气未减"作为自己的座右铭，由此可见他的气魄与韧性。然而当年他和弟弟妹妹被两顶轿子送到衡阳乡下伯父家里时，他还只是一个7岁的孩子。

关于那一天的情景，3岁的唐浩明自然没有记忆。但唐翼明是有印象的，他在自己的随笔集《江海平生》中这样写道：

那一天后来发生了什么，你怎么跟伯母和堂姐、堂弟见的面，晚餐怎么吃的饭，晚上睡在哪里，你现在居然压根儿记不起来了。只有你初见伯父的那一刹那，那冷峻的目光，紧皱的双眉，光得发亮的脑袋，毫无表情的脸，两个还粘着泥巴的粗粗的腿肚子，像一个凶神恶煞的罗汉，牢牢地烙印在你的记忆屏幕上。

最初的观感和莫名的直觉，有时最能反映事情的真相。唐翼明脑海中定格的那个关于伯父不友好甚至冷酷的印象,确实预示了唐翼明三兄妹后来在伯父家的命运。

唐翼明在伯父家生活了5年。这5年里,他尝到了寄人篱下的滋味。伯母的阴狠、堂姐的泼辣、伯父的暴躁,都让他刻骨铭心。他的右耳也在伯父无数的耳光中永久地失去了听力。这样的家庭,留给唐翼明的除了屈辱与痛苦,再无其他。因此,他最终下定决心,在13岁那年春节离开了老家,此后50多年,再也没有回去过。

唐漱明,是一个从小就文静聪慧、额头饱满的女孩。在母亲的教导下,她两岁就能背很多首唐诗。被寄养在伯父家后,她和哥哥翼明在同一年级读书。这个年级的前两名被兄妹俩包了,有时哥哥第一,有时妹妹第一。哥哥甚至觉得妹妹比自己聪明,记性比自己要好。然而,就是这样一个聪敏可人的女孩子,在乡下生活的第三年,突然开始拉肚子。这在今天看来的小毛病,在当时的湖南乡下一点办法都没有。可怜的漱明从开始一天拉两三次,到后来拉四五次,再后来拉十几次,最终一天拉到三十几次的时候,精疲力尽而死。那年她才8岁。漱明的死成了父母终生的遗憾,也成了哥哥翼明心中永远的伤痛。

至于唐浩明,在伯父家寄养了一年多后,就在熟人的介绍下,被送去给衡阳城里一个理发匠做养子了。

这家人姓邓,4岁多的唐浩明便有了一个新名字,叫邓云生。

邓家爸妈没有唐家亲生父母那样的文化程度,但他们对这得之不易的养子却视如己出,悉心养育。"我的养父母是不认字的,他们无法在文化精神方面给我引导。"唐浩明后来说,养父母给他更多的是中国民间传统的做人做事方面的教导。

"青少年时期,在精神上给我很大引导的是哥哥。哥哥满腹才华又十分努力,在我的人生道路上起到了很重要的作用。"唐浩明说。事实上，从唐浩明被送走的那天起，哥哥唐翼明就惦念着这个弟弟。可是，那时候唐翼明才10岁，又在乡下，根本不知道弟弟被送到城里哪一家了。直到3年后，唐翼明上了初中，他才打听到了弟弟的下落。

"我的学校在县里，当时离衡阳市不远，我那个时候差不多一个月就会去找他一次，我害怕断了联系。弟弟的养父母还算好，应该说比较开通，不至于对我去看他很不快。"唐翼明说，"不过我知道他们心里很不情愿，所以我们都不敢兄弟相认，只说是表兄弟的关系。"

那时候，翼明每看一次浩明，都会将浩明的情况写成书信寄到香港，再经香港转寄到台湾的父母手里。一开始，浩明当然对经常来看自己、陪自己玩的这个哥哥感到既惊喜又诧异。随着年龄的增长，他也听到了旁人议论他身世的一些风言风语，只是不作声。"当时哥哥来看我，虽然我们都没有讲破这层关系，但是我心里知道，这是哥哥，而且知道在遥远的海岛那边，有父母在。"唐浩明说。

1957年，唐翼明考到武汉读高中后，便不能经常去看望弟弟浩明了，他就开始给弟弟写信。"我后来评点曾国藩家书，其实是源于哥哥当年给我写的那些家书，它们就与之有些类似。我现在都记得很清楚，他说'要读书，要好好学习，读万卷书行万里路'。"唐浩明说，"如今哥哥已是蜚声海内外的大书法家，当年他的字就写得非常之好了，我当时就模仿他的信写字，把他的字当作字帖，在很长时间里，那些信就装在我的书包里。"

可以说，从学生时代开始，哥哥唐翼明就是浩明的榜样和偶像，浩明后来的求学道路和人生走向，也与哥哥的倾心指引分不开。

钟爱文史：变化的际遇，不变的心

热爱阅读，钟情文史，是唐浩明一生的写照，也是他学生时代最突出的特点。

当小说《曾国藩》在20世纪90年代"走红"之后，著名学者骆玉明说："听说唐浩明先生从小生长于毫无文化条件的家庭，我感到很惊讶。"唐浩明的解释是："我从小就喜欢读书，这可能与遗传有关。"一个人的人生方向和生命样态，少不了遗传的影响，但后天的成长环境和生活际遇也一定在其中起着不可忽视的作用，甚至会有一种"伏脉千里"的效应。

唐浩明后来成为全国知名的曾国藩研究专家，成为站在时代前列的湖湘文化传播旗手，这"伏脉"很可能早在他的中学时代就埋下了。

1959—1964年，唐浩明人生中最重要的青春时光，是在衡阳市二中度过的。正是在那6年里，唐浩明与三位著名湖湘先贤发生了或明或暗、或显或隐的关联。这三位湖湘人物分别是曾国藩、周敦颐和王夫之。

先说曾国藩。唐浩明一生阅读曾国藩、研究曾国藩、评点曾国藩，被誉为"曾国藩的异代知己"，谁也很难想到，唐浩明13岁至18岁就读的衡阳市二中的前身莲湖书院的山长，正是曾国藩的岳父欧阳凝祉，而且欧阳老先生去莲湖书院执教还是曾国藩推荐的。不仅如此，曾国藩在衡阳操练湘军时，还经常去莲湖书院与岳父谈经论道。"莲香入座清，笔底当描成这般花样；湖水连天静，眼前可悟到斯道源头。"这副将"莲湖"二字巧妙嵌于上下联之首的对联，便是曾国藩成名后为莲湖书院写的。"那时候在衡阳二中读书，当然不晓得这些校史故事，后来知道了，觉得很巧合、很神奇，这是自己和曾国藩难得的缘分吧！"唐浩明说。

湖南道县的周敦颐是理学开山祖师，湖湘文化的代表人物，其作品《爱莲说》今天的中学生要背诵，唐浩明那一代的中学生同样要背。当时，唐浩明和他的同学尤其喜欢这篇文章，因为学校里一直都在流传这样一个传说：《爱莲说》就是周敦颐在莲湖书院讲学时，见到书院旁的池塘里莲花盛开、清香四溢，才灵感降临，下笔成文的。有了这种感召和激励，唐浩明和同学们每天都早早到校，在池塘边晨读。当莲花盛开的时候，大家都会不约而同地大声诵读《爱莲说》。"那时候，我们晨读的主要内容是文言文、诗词和其他课文，当然也会读外语，主要是俄语。"唐浩明说，"至于周敦颐的《爱莲说》是否真的是在那里写的，没人去考证，其实是与否已经不重要了。它若能真正起到激励灵魂、启发心智的作用，即使是传说，也是有价值的。"

至于王夫之，他不仅与黄宗羲、顾炎武并称为明末清初三大儒，更被誉为湖湘文化和湖湘人格精神的典范。王夫之生于衡阳、长于衡阳，晚年隐居于衡阳石船山著书讲学，故世称"船山先生"。唐浩明在衡阳市二中读书时，衡阳市有个图书馆，名字就叫船山图书馆。学校老师说，喜欢读书的同学可以到那里办借书证。唐浩明爱书如命，自然积极响应。当时的船山图书馆在衡阳的风景区岳屏山下。唐浩明每次爬岳屏山，跨入船山图书馆的大门，都会迎面看到王夫之高大庄严的雕像。"我始终记得，他穿着明代样式的衣服，戴着处士巾，很清瘦，"唐浩明说，"那时候每次看到船山先生的塑像都肃然起敬，从而对传统、对文化、对圣贤也多了几分仰慕与向往。"

正是在青少年时代受到这些湖湘先贤的精神引领和文化感召，唐浩明心底的读书之爱和文史之爱，开始孕育、生根、发芽。

"那时候，我就是发自内心地喜爱书籍、愿意亲近书籍。有时候，拿到一本书，即使不看，用手摸一摸、翻一翻，也会觉得很心安。"唐浩明说，他甚至觉得书是很好的玩具，比其他任何玩具都要好，可以给自己带来心灵的愉悦。

提起青少年时代对自己影响最大、印象最深的书，唐浩明说："确实有几本书，我至今都清晰地记得，也感觉这些书在我的人生中起到了很大的作用。"

第一本书是《故事里面有哲学》。这本书将中国古代的成语，如掩耳盗铃、刻舟求剑、买椟还珠等，以及先秦时期诸子百家的思想，以简短、通俗、生动的故事形式呈现出来，而且结合现实生活将蕴含的哲理点了出来。"我记得读这本书是十四五岁的时候，那时思考力开始萌芽，读这些故事和哲理，对我理性地、辩证地看待问题和认识世界有很大的帮助。"唐浩明说，"这本小册子，我觉得对我一辈子都有影响。"

也是在那个时候，唐浩明得到了另一本好书，也是本小册子，叫《中国古代名人传记》。这本书用通俗流畅的白话文写了中国历史上的五个名人，分别是秦始皇、司马迁、玄奘、岳飞和文天祥。读这些历史名人的故事和成就，唐浩明深受激励。"这本书，第一，让我更加喜爱历史。第二，让我开始重点关注人物。特别是那些通过自己的努力最终为人类争光、为社会作出贡献的历史人物。"唐浩明说，"那些历史人物成为我人生的榜样，在一定程度上奠定了我未来的方向。当然，虽不能至，心向往之。"

那时候，还有三本书是唐浩明非常喜爱的，就是《唐诗一百首》《宋诗一百首》《唐宋词一百首》。"这三本书是中华书局出的，很小的开本，薄薄的。我每天都放在书包里面，有空就拿出来看一看、背一背。就这样，我喜欢上了文学，喜欢上了诗词，喜欢上了中国文字之美。"唐浩明说，"那几本小书的封面设计也很有意思，是中国传统水墨画，很淡雅。这也影响了我的审美观，我一辈子都喜欢这类淡泊、高雅、有意境的东西。"

除了这些书，唐浩明还特别谈到一本对他创作历史小说有重大影响的书，那就是罗贯中的《三国演义》。

"我看《三国演义》是比较早的，当然最早是坐在小人书摊旁看《三国演义》连环画。那套书有几十本，看了一本就想看下一本。有时候没钱换一本，就把手里的书看第二遍、第三遍。若不是书摊主人催着还书，手里的这本书就可以这样一直看下去。"唐浩明说，那时候不太喜欢《红楼梦》里面"哼哼唧唧"的文字，就喜欢三国的英雄豪杰，轰轰烈烈、大起大落，他觉得人生就应该像三国人物那样浓墨重彩、有声有色。后来，读到《三国演义》原著，唐浩明更是为作者文白相杂的语言艺术所倾倒。关于诸葛亮隆中对、舌战群儒等著名片段，唐浩明至今都能流利背诵。"《三国演义》的文风从那时起就镌刻在我的骨子里了。"唐浩明说，"没有料到，几十年后我自己在创作历史小说时，会自然而然地选择这种典雅的表述风格。"

阅读是写作最好的催化剂。随着阅读面的拓宽和对文字感知力的提升，唐浩明也想在文学创作上试试身手。"那时候，我也做起了作家梦。除了学校要求写的作文，我自己还会写一些东西，主要是小感触、小寓言故事。虽然那时候写的东西大都是胡编乱造，也没有正式发表，但我对写作这个事情看得很重。"唐浩明说，那时候，他还省吃俭用攒下两毛钱，冒着大雨去衡阳城里一家商店买回一个精美的小笔记本。他非常珍视这个本子，那是他当时拥有的最好的本子。他一笔一画地将自己创作的古体诗、现代诗、随感等写在上面。

"那个本子因为时间久远，早就遗失了，但这个兴趣和习惯我却一直保留着。"唐浩明说。后来，他考上了华东水利学院水利专业，也买了一个顶好的本子，在上面自由地创作。因为当时的宿舍是110号，他便在这个本子的扉页上写下了"110文集"几个字。

心思一直在阅读和写作上、兴趣始终不离开文史之学的唐浩明，大学怎么去读了华东水利学院水利专业？这还得从他的兄长唐翼明对他的影响谈起。

1964年暑假，兄长唐翼明和住武汉的表姐一家去桂林旅游。在返回武汉途中，唐翼明独自在衡阳下车，去看望弟弟唐浩明。许久未见的兄弟俩一见面都很兴奋，他们聊读书，聊学问，聊爱好，聊人生，不觉大半夜就过去了。唐翼明问弟弟："明年就要考大学了。你想过没有，是考工科还是考文科？"一直钟情文史的唐浩明几乎脱口而出："我想考文科。"兄长唐翼明却没有立即回应，他沉吟了片刻，严肃认真地说："我看，还是考工科好，工科录取人多，把握大一些。"看着兄长的神情，唐浩明突然就明白了兄长的苦心和用意：文科离政治太近，审查太严格，他们兄弟的身世如此敏感，只有规避一切可能的政治风险，未来才有希望。

就这样，唐浩明改变了主意，决心报考工科。第二年，他考上了华东水利学院。唐浩明是一个自律、隐忍、能控制自己情绪的人。虽然读了一个并非自己真正喜欢的工科大学和工科专业，但他还是要求自己认认真真学好专业课程。受"文化大革命"影响，学校里到处都乱糟糟的，管理非常松散，有的同学跑出去半年都没人管。就是在这样的大学里，唐浩明读了5年。5年里，因为离家远，唐浩明不怎么回家，一心坚持阅读，不断积累文科知识。华东水利学院的图书馆很不错，文科方面的书籍比较多，大学几年唐浩明成了那里的常客。

青年时代的唐浩明

1966年3月21日，在俄语课上，老师在讲台上讲课，唐浩明在座位上听着听着，竟然做起梦来了。他梦见自己成了一个作家，一个很有名的作家，有很多记者来采访他。他面对记者侃侃而谈。"我把这件事记在了当时的俄文教科书上。此后几十年，搬了很多次家，好多书都丢失了，但这本书居然保存了下来，真是神奇。"唐浩明说。2018年中国作家协会要选100个作家做文学纪录片，第一批30人，其中就有他。当时作协一行来长沙拍摄，他将那本书找了出来，作协的人录了像。"好有意思，那是我的作家梦，后来竟然就变成了现实。所以，人是要有梦想的，特别是年轻人，更得有梦想。"唐浩明说。

1970年，唐浩明大学毕业，被分配到江西。先是到一个军垦农场干活，喂猪、放牛、种田。15个月后再分配，被派去萍乡搞水电站建设。那个水电站选址有问题，一年后工程队伍解散，水电站成了烂尾工程。1973年，唐浩明终于有了一份稳定的工作，在衡阳水电局做技术员。

衡阳水电局有一个资料室，唐浩明一有空闲就去那里看书、借书。水电局的工作人员大多是学理工的，对文史哲方面的书籍没什么兴趣，所以那个资料室几乎成为唐浩明的专属书房了。

有一次，唐浩明惊喜地发现，资料室新到了一套《二十四史》，小32开，浅绿色封皮。他视之为珍宝，一本一本借出来研读。最后，整套《二十四史》唐浩明几乎翻了个遍。

因对《史记》钟爱有加，唐浩明出差时也常常带着，在火车上读。有一次，他读《史记》读得入迷，完全没有发现邻座一个人一直在注意他。当他意识到后，便朝那个人点头微笑了一下。这下唐浩明才发现那是一个知识分子模样的老先生。老先生开口便问："小伙子，你是搞历史研究的？"唐浩明答："不是，我是搞水利专业的。"老先生笑着继续问："你一个搞水利的，怎么读这种书？"唐浩明继续回答："我特别喜欢历史，

记录着唐浩明作家梦的俄文教科书

这是个人爱好。"老先生点头说:"现在这个时代最大的问题就是没人读书了。长此下去,是很危险的。你不要管其他的,读书是好事,要坚持。年轻人千万不能把大好年华都荒废了。"

1976 年,"文化大革命"结束,次年恢复高考。后来,又宣布即将招收第一批研究生。天下读书人的春天终于到来了。

当这股春风刮到武汉时,已经 36 岁的唐翼明喜出望外,立刻决定报考研究生。他铆足了劲,每天学习到深夜 12 点,将积压在内心多年的委屈、隐忍还有才华都化为备考的动力。1978 年 9 月发榜,唐翼明以第一名的优异成绩,考取了武汉大学中文系研究生。他后来在文章《全力以赴过滩头》中写道:"如果我一生中也有所谓时来运转的时候,那么转就转在这一刻上,如果我那次没有考上研究生,此后下半辈子的命运就完完全全不一样了。"

唐浩明得到兄长的喜讯后,立即去了武汉。一是向兄长当面祝贺,二是表达自己也想考中文系研究生的愿望,而且就考武汉的研究生。唐翼明看到弟弟如此上进,非常高兴,也非常赞同弟弟的想法,只是弟弟没有读中文本科,时间紧迫,复习备考的内容卷帙浩繁,因此有些担忧。但唐浩明意志坚定,心气很高,执意要考。翼明便挑了些重要的参考书,让浩明回去认真读。一回到衡阳,唐浩明便一头扎进书堆中,没日没夜地用功备考。

临近考前一个月,翼明专程从武汉来到衡阳,帮弟弟做考研冲刺。兄弟俩日夜相伴,相互问答。翼明返汉的前一天,兄弟俩一起去看了电影《三笑》。影片中唐伯虎冒充仆人进宰相府,露馅后承认自己是唐伯虎。宰相说:"你是真唐还是假唐,我不知道,你拿什么来证明呢?"唐浩明笑着对兄长说:"我是真唐还是假唐,也无凭证,考研是个检验。考上就是真唐,考不上就是假唐。"

1979年秋天，唐浩明以总分第一的成绩考取华中师范学院古典文学专业研究生。"当我在衡阳地区水电局传达室里拆开那封录取通知书时，我的双手在颤抖，两眼已湿润。"唐浩明说。去武汉那天，唐翼明到火车站接他。见面后，兄弟俩开心地拥抱在一起。

在武汉读研究生的三年，唐浩明不仅跟着导师认真学做先秦文学研究，他还经常去唐翼明家，和聚集在那里的荆楚才俊一起谈古论今、交流学问。

武汉三年，唐浩明终于从文史业余爱好者升级为文史专业研究者，他的硕士学位论文《庄子的美学思想》得到专家的高度认可。武汉三年，唐浩明打下了很好的古文功底，得到了很好的学术训练，拓宽了学问视野，这些为他后来编辑《曾国藩全集》、创作《曾国藩》小说、研究曾国藩及湖湘文化，奠定了坚实的基础。

初为编辑:"这工作太好了"

当一名文史编辑,这更多是唐浩明主动选择的结果。

1982年,唐浩明从华中师范学院毕业。那个年代的研究生是真正的天之骄子。当时唐浩明有三个去处可以选择:一是在高校任教;二是到研究所从事研究工作;三是去出版社当编辑。

那时,高校人才急缺,去高校任教成为大多数研究生的就业去向。有人曾在《传记文学》杂志上撰文:20世纪80年代,"研究生就已经逐步成为高校最倚重的师资力量,但是在那个更加重视学术思想的新时期之初,学历本身也还没有成为人们傲视他人的理由。我们的研究生老师们,不乏个性鲜明、锋芒毕露的人,但却难以找到那种仅仅因为学历、身份就骄矜自得的"。

当时的唐浩明也是如此,他没有因自己的学历和身份而骄傲,而是脚踏实地、低调做人。他当时想得很简单:自己酷爱读书,出版社是出书的地方,天天和书打交道岂不美哉?就这样,唐浩明来到湖南长沙的岳麓书社,正式开始了他的编辑生涯。

当时岳麓书社刚刚从湖南人民出版社分出来,建社时间不足半年,全部人员加起来不到20个。办公条件非常简陋,大多数人挤在一间大办公室上班。社里在不远处的新华社湖南分社招待所租了一间小房子,初来乍到的唐浩明便被安置在这里。

这间小房子约10平方米,中间一个大书柜将房间分为前后两部分。唐浩明在后半部分搭了一张单人床,摆上一张书桌、一把椅子,生活和工作就都在这里了,虽然条件实在艰苦,但总算安顿下来了。

房子的前半部分,坐着编辑部主任和另一位编辑。因为有书柜挡着,唐浩明坐在后面,便有一种拥有独立空间的感觉,心里感到很安宁。下班后,这间办公室便完全由唐浩明独享了,他感到十分满足。"我从小喜欢读书,初到岳麓社那段时间,天天与书稿打交道,还可以遇上不少有学问的作者,我觉得编辑这工作实在太好了!"唐浩明说。

唐浩明所在的编辑部是专门做古籍的,编辑部主任喻老师是个待人和气的半老头。有一次,他在看《古文观止》译注的清样。这部书是唐浩明一直很想读却没找到的书,现在它的书稿居然就在眼前。唐浩明非常高兴,他对主任说:"喻老师,打清样时多打一份,把那一份送给我吧。"喻主任说:"用不着留清样,出书时社里每人会送一本。如果你还要的话就找我,每个责任编辑,社里会发20本样书。"听了这话,唐浩明惊喜极了,今后不用花钱,就可以得到很多好书了。他内心直呼:编辑这个职业居然这么好!

对于获得好书,作为出版社编辑确实有"近水楼台先得月"的便利和福利,但编辑的具体工作却需要常人少有的耐心、细心和平常心。关于这一点,唐浩明在编辑自己的第一本书《中国古代科学家传记选注》的过程中便充分体会到了。这虽是一本小册子,但编辑任务却不小,要一一校对文字,查找故事出处并核对,检查注释正误,等等。这些工作不仅考验一个编辑的文字功底、文化素养、耐心和细心,更考验其平常心。因为,编辑的工作都是幕后的、台下的、隐性的,编辑的付出有时很难被看见。编辑是"为他人作嫁衣"的职业,是燃烧自己照亮别人的工作。可是,唐浩明却将"为他人作嫁衣"看作创造文化的大事,将"照亮别人"看作成人之美的好事。

不仅如此,"编辑"这两个字在唐浩明心里有很高的地位。他说,我们民族的至圣先师孔夫子就是中国的第一个大编辑,孔老夫子一生述而不作，整理编辑《诗》《书》《春秋》，论对中华文化的贡献，没有哪个能超过他。另外，中国历史上有许多著名编辑，他们的贡献也不亚于一个有成就的学者。比如，编《文选》的昭明太子，编《唐诗三百首》的蘅塘退士，编《古文观止》的吴氏叔侄，编《古文辞类纂》的姚鼐，等等。近现代的文化名人当中，当编辑的或有过编辑经历的人就更多了，如张元济、梁启超、李大钊、陈独秀、胡适、鲁迅、叶圣陶、梁实秋、巴金、张恨水、张友鸾、金庸等等。"我想，我既然做了编辑，就要以这些人为榜样，做一个优秀的编辑，做一个对文化事业有贡献的编辑。"唐浩明说。

正因为怀着这样的初心、坚守这样的信念，当编辑《曾国藩全集》这样的大任务和大机遇来临时，唐浩明才接得住。

1983年，著名古籍整理专家、资深编审杨坚开始主持《船山全集》的编辑工作，这标志着岳麓书社建社伊始就开始筹备的整理出版六大湘籍文化名人全集的计划正式拉开序幕。这六大全集分别是《船山全集》《左宗棠全集》《魏源全集》《王闿运全集》《曾国藩全集》《王先谦全集》。可以说，每一部全集的整理编辑都将是一个浩大的文化工程，也是一桩功德无量的出版大事。

唐浩明很认可这个文化工程。在他的主动请求下，《曾国藩全集》责任编辑这副担子便落到他的肩上。但是，这份责任的承当很艰难。这个"难"，一方面是对曾国藩这个历史人物下定论难。因为对曾国藩其人的评价，历来毁誉不一，用章太炎在《检论》中的话说，就是"誉之则为圣相，谳之则为元凶"。梁启超推崇曾国藩是"立德、立功、立言，三并不朽"；蒋介石以曾国藩为榜样；毛泽东也说："愚于近人，独服曾文正。"然而很长一段时间，曾国藩却是以野蛮镇压太平天国农民起义军的刽子手面目出现的，他的名字成为汉奸和卖国贼的代名词。尽管到了20世纪80年代初，改革开放的春风吹遍中国大地，很多人对曾国藩的认识依然停留在固有观念当中。要给这样一个备受争议的历史人物编辑全集，即使是正式列入国家出版规划的项目，也免不了要背负一定的心理负担和精神压力。

另一方面，是《曾国藩全集》的史料要搜集全很难。曾国藩生前留有大量文字，虽然他是一个档案意识极强的人，在战争年代，每隔一段时间，都会派专人将他的文字副本从前线护送到老家保存，然而岳麓书社要将这些史料完全收齐有很大困难。从前由李瀚章、李鸿章兄弟组织编辑刻印的《曾文正公全集》虽有"全集"之名，但实质上不过是个"选集"，而且有不少错误。至于保存在曾国藩湖南湘乡老家富厚堂的史料，一部分被曾国藩的第四代嫡孙宝荪、约农姐弟辗转带到了台湾，另一部分则被运到长沙，长期锁在中山图书馆（湖南图书馆前身）一个不起眼的小屋子里。不过，也正因为这小屋子不起眼，这批史料才在狂热的"破四旧"运动中逃过一劫。

几部全集的整理编辑对于当时的岳麓书社而言，虽然人人都说是大好事，但大多数编辑却并不愿参与进来，主要原因就在于这项工作难度大、枯燥乏味且极耗时日，很难看到短期效益和回报。当时的岳麓书社领导为选择合适的编辑做这项工作颇费心神。就在这时，唐浩明站了出来。

为什么只有两年"编龄"的唐浩明敢迎难而上？"首先，我非常认同这项出版计划。历经多年劫难，很多好书已经很难找到了，重新整理出版是为人类文化作贡献。另外，我钟爱文史，对湖南老乡曾国藩一直充满好奇与兴趣，想借这个项目进一步搞清楚历史的真面目。"唐浩明说。

当社里正式任命唐浩明担任《曾国藩全集》的责任编辑时，唐浩明除了感到领导对他的器重、感到内心涌动的热情，还感到一种前所未有的责任和压力。

十年磨剑:《曾国藩全集》的重磅出版

面对《曾国藩全集》这样一个大的文化工程,光有热情和责任是远远不够的。对此,唐浩明非常清楚。

他要冷静下来,做好全盘规划,甚至要像一个将领一样,做好排兵布阵的工作。不过,他排的兵,就是他自己;他布的阵,常常也得自己去闯。

首先,必须有一支古籍整理专家队伍。整理编辑《曾国藩全集》,是一件好事,但专家学者们对此积极性并不高。主要原因在于高校和学术研究机构一般都不将古籍整理视为科研成果,在评职称、晋级、获奖这些方面都不起作用。因此,专家们做此事,除一点微薄的整理费之外,没有其他功利性的收获。

经过多方沟通,出版社好不容易才从三四个单位组织了二十几人的专家队伍。因为种种原因,"全集"缺个主编。于是,所有的联络、协调,甚至包括书稿体例统一等工作,都落在出版社的身上,具体来说,就是落在了唐浩明这个责任编辑身上。

"当时的我,因为无知也便无畏,毫不犹豫地就充当起这个角色来。"唐浩明说,"这个工作虽然烦琐,但在与这些专家学者打交道的过程中,确实能学到很多东西,特别是他们对学问的态度、严谨的精神都非常打动人。"

其次,是艰苦繁重的清理复印工作。要编好《曾国藩全集》,存放在中山图书馆的曾氏史料就必须全部拿到手,因为那是第一手资料。唐浩明从接受这项任务起,就开始往中山图书馆跑。他至今记得,当图书馆的一位领导将他带到一间很不起眼的小屋子里，指着里面落满灰尘的东西说"这就是当年从湘乡富厚堂转移过来的全部资料"时，唐浩明真切地感受到了什么叫"尘封的历史"。

这些珍贵的史料由于年深日久，已是纸脆卷黄，经不起丝毫折腾，因此图书馆不同意出借任何一卷。可这些资料是编辑《曾国藩全集》的主要依据。怎么办？只有复印。

那时，岳麓书社没有汽车。唐浩明把社里唯一的一台复印机搬到板车上，与一个小伙子一路颠簸拖到图书馆。社里派出另一个同志做复印员。

从那以后，唐浩明每天进库房，一捆捆、一本本、一封封、一页页地清点那些一百多年前的字纸。因年代久远和保存不当，发黄发霉、脱落、腐烂、虫蛀的文档很多，唐浩明将它们一一处理归置，然后交复印员一张张地复印。天天如此，风雨无阻，这样一干就是半年多，复印的东西堆了好几车。看到唐浩明每天都是一身灰尘地走出那间屋子，一位老馆员不无感慨地说："从没有看到哪个人能这样做死地搞事（长沙话，意思是投入地、拼命地做事）。"

清理复印史料，这项表面上看来简单重复、枯燥辛苦的工作，事实上并不仅仅是一种低级的体力劳作，它也是以整个身心浸入历史、感知历史、触摸历史的珍贵过程。"这些发黄发脆的家书、奏稿、公文里沉淀了曾氏当年的喜怒哀乐和进退取舍，甚至那上面厚厚的灰尘都能给人一些启示。"唐浩明说，自己亲自动手去整理、复印这些史料，不仅是前期熟悉和学习的过程，更是一种"不入虎穴，焉得虎子"的历史研究方法。

有了专家团队，有了全部史料，《曾国藩全集》便进入实质性的编辑阶段了。

唐浩明整理的部分曾国藩史料

那么，编辑的标准是什么？要达到什么程度？在唐浩明看来，编辑有两个纲领，即最低纲领和最高纲领。最低纲领，就是做好分内的、纯粹的编辑工作；而最高纲领，不仅要做好编辑的分内之事，更要作出文化贡献和文化传承来。当初接受《曾国藩全集》责编任命时，唐浩明给自己定下了最高纲领。因此，开展编辑工作之后，他全力以赴，没有上班下班的分别，没有分内分外的计较，没有值不值得的权衡，可以说，将全部精力都倾注到《曾国藩全集》的编辑之中。

曾氏的这批史料属于百年老档案，而古人在用字结构、行文习惯、思维模式和表达方式等方面，与今人有很大不同，因此整个文字整理工作推进的速度非常慢。要确证一个年份日期、一个人名、一个地名，或者是相关文字的方方面面的问题，都需要大量翻阅查找《清史稿》等历史资料和各类字词典籍。为此，唐浩明又经常往图书馆跑，往能够查到相关史料的科研院所、资料室、图书室跑，甚至往曾氏的老家湘乡也跑过多次。据唐浩明粗略统计，他多年奔波接触的曾氏史料、各种文字及图片资料，与后来全集实际成书1500万字的字数比，大约是10∶1。

另外，唐浩明担当起《曾国藩全集·家书》的整理校点工作。他在省图藏件、光绪年间刻本、台湾影本的基础上整理出的曾氏家书近百万字，分上下两册。为方便读者阅读，唐浩明还为每封家书写了提要，又在书后附上人名索引和内容主题索引。

当问及唐浩明为什么要从曾氏家书入手时，他说，主要有两个方面的原因。

其一，曾国藩的《家书》《家训》过去就是畅销图书，自光绪己卯年传忠书局刻本问世以后，坊间翻印者极多。曾国藩的后人说："光绪中叶，几遍大江南北，士大夫之家，皆以之教子弟。"曾国藩一生的道德、事功、学问、文章，当时均为人们所景仰。他有一套完整、系统的家教思想，这套家教思想的确教育出了不少人才。比如，他的弟弟曾国荃、他的儿子曾纪泽，以及他的孙辈、曾孙辈，每代都有人才出现。所有这些，使得曾氏家书在很长一段时期里都是中国读书人的必读课本，他的家教也被人们奉为治家圭臬。虽然时代不同了，但曾氏家书中的很多内容，特别是治学、做人、读书等，对今天的读者依然有很大的吸引力。

其二，曾国藩一生很重情义，又长于社交，他不仅有丰富的家族交往圈子，更有庞大的社会交往圈子，他的"朋友圈"涉及很多晚清历史人物。因此，通过曾国藩致祖父母、父母、叔父母、诸弟、妻、子等人的书信，不仅可以弄清楚曾国藩家族的亲属脉络和血亲关系，更可以了解曾国藩对一些朋友的真实看法，进而更充分地了解曾国藩这个人。然而，原来的曾氏家书刻本却存在遗漏、错误甚至删改的现象。

"曾氏家书是打开曾国藩人生世界的一把钥匙。因此，它在《曾国藩全集》中占据着举足轻重的位置。"唐浩明说，先把曾氏家书整理出来，整个全集的编辑便会顺畅得多。1985年10月，两册《曾国藩全集·家书》作为《曾国藩全集》最先推出的部分，由岳麓书社出版。

正当许多人称赞这本书出得好的时候，意想不到的事发生了。一天，湖南某报重要版面登出一篇批评文章，指责岳麓书社给一个反革命头子树碑立传，许多革命老前辈都有家书，为什么不出？"文化大革命"过去不到十年，这样的文章令人心惊肉跳。但唐浩明知道，出版规划是经过国务院古籍整理出版规划小组批准的，应该没什么问题。

与此同时，美国纽约的《北美日报》刊发了《还历史以本来面目：评中国重新出版〈曾国藩全集〉》一文，祝贺中国出版《曾国藩全集》。文章说，出版此书"看似小事，实际上它是中国文化界人士的思想突

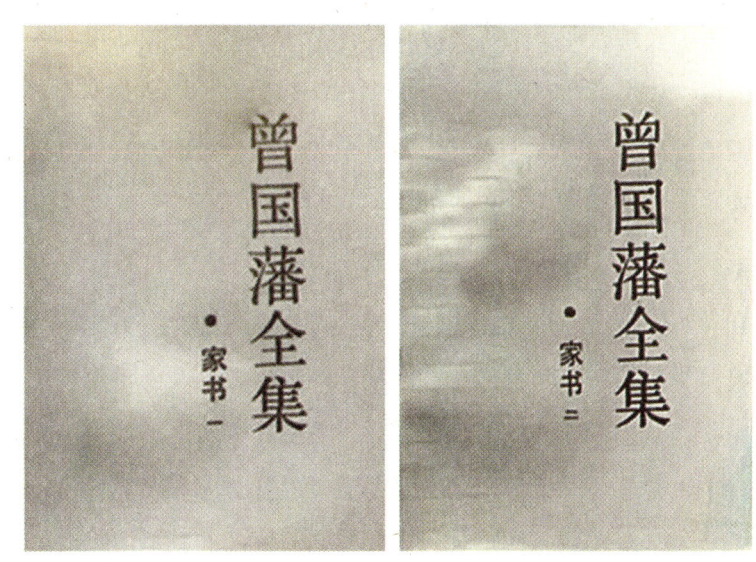

《曾国藩全集·家书》书影

破了一大禁区的标志","这在过去根本是不可想象的事,其重要性完全可以和中国发射一枚新的导弹或卫星相比拟"。还说,岳麓书社"大胆地推出了在中国历史上毁誉参半的曾国藩作品全集,可以说朝着正确对待历史的方向跨出了可喜的一步"。

"这事让湖南出版界很兴奋,也让参与整理的学者专家们受到鼓舞。"唐浩明说。也就在这个时候,唐浩明撰写的《曾国藩对人才的重视与知人善用》一文大受好评,并被中组部举办的第三梯队培训班选作课外重点参阅论文。

"说实在话,先前我对于曾氏并不了解,只是从教科书上知道他是一个大反面人物。这段时期多次仔细阅读他的一千多封写给家人的书信,我发现他信中所讲的许多观念与我的思想相吻合,我很自然地能接受他讲的那些道理。"唐浩明说。

曾国藩有些话甚至令他震撼,比如曾国藩对他的儿子说:"若农夫织妇终岁勤动,以成数石之粟数尺之布,而富贵之家终岁逸乐,不营一业,而食必珍羞,衣必锦绣,酣豢高眠,一呼百诺,此天下最不平之事,神鬼所不许也,其能久乎?""曾氏这一段话不是在宣传革命理论吗?身处他的地位,能将世事看得这样通透,说明这个人非比一般。"唐浩明说:"我决定,向前辈学习,不仅仅只伏案看稿、改正错别字,而且要独立研究,做一个有学问有思想的优秀编辑家。"

从此,唐浩明一边用心编辑曾氏全集,一边潜心于近代史与曾氏的研究。关于这一段学术研究历程,唐浩明在《〈曾国藩〉创作琐谈》一文中有比较详细的记述:

我想,我既然拥有这么多的第一手资料,何不自己对他做一番独立的研究呢?我虽然爱好近代史,但对它的钻研却不够。我找来七八种近代史著作,其中包括解放前及港台出版的。同时又大量地阅读关于太平天国的著作。也读了不少曾氏同时代人的文集、传记、年谱,他们中有左宗棠、胡林翼、彭玉麟、郭嵩焘、刘蓉、李鸿章、江忠源、罗泽南、曾国荃等人,并且旁及各种笔记杂谈,稗官野史。慢慢地,那个时代以及那个时代的主要人物,特别是曾国藩本人,在我的脑子里充实起来。我对曾国藩做了包括他的生平交游及政治思想、学术思想、人才思想、文学思想在内的全方位的研究,将这些研究写成论文,在学术刊物上陆续发表,几年时间,居然积累了近十万字。

在全方位地研究曾国藩这个历史人物后,唐浩明逐渐形成一个认识:曾氏既非十恶不赦的反面人物,也不是完人式的圣贤,他其实是一个悲情色彩很浓厚的历史人物。他在晚清那个时代,身处政治军事的旋涡中心,却一心想做圣贤,一心想在中国重建风俗淳厚的理想社会,这就注定了他的悲剧性。

"细细品味他留下的文字,可以发现他的内心深处是悲凉的、抑郁的,他的苦多于乐,忧多于喜。这种强烈的悲情氛围,要远远超过他的那些风光荣耀的外在表现。"唐浩明说。

1995年,《曾国藩全集》终于出齐。从1984年正式启动算起,这项工作历经12年。《曾国藩全集》共30卷,分奏稿、批牍、诗文、读书录、日记、家书、书信七大类,共1500万字,其文字量为清刻本的3倍。该全集不仅收集了与曾氏有关的所有存世资料,而且依据原件和副本,将清刻本有意删去的部分全部恢复,消除了清刻本中重复错乱的现象。同时,奏稿各册中还附有从咸丰四年到同治十一年(1854—1872)间朝廷发给曾氏的有关文件,这无疑为中国近代史的研究提供了极为丰富的第一手资料,堪称研究曾国藩的权威版本。《曾国藩全集》出版后反响巨大,包括《人民日报》《光明日报》在内的数十家报刊作了报道。1995年《曾国藩全集》获得湖南省委省政府颁发的优秀图书奖。

唐浩明的工作成绩得到了出版界、史学界和读书界的认可。1994年，唐浩明获得"全国首届优秀中青年图书编辑"称号。岳麓书社老社长曾撰文称赞唐浩明在风华正茂之时担起《曾国藩全集》编辑重担，"在全集不设主编的情况下，他独当一面……成了不署主编名字的主编"。

在编辑《曾国藩全集》期间，除了撰写曾国藩研究论文，唐浩明还抓住一切有利机会，向海内外宣传《曾国藩全集》，以扩大其影响，让海内外知道湖南出版界在做一件大事。1991年，唐浩明应邀去巴黎，向法国汉学家们详细介绍了《曾国藩全集》的情况；1993年应邀去台湾地区，把湖南编辑《曾国藩全集》的情况带到海峡彼岸，在岛内学术界引起轰动。

更值得一提的是，在编辑《曾国藩全集》期间，唐浩明还精心创作了长篇历史小说《曾国藩》。这不仅有利于人们正确认识曾国藩其人，也为《曾国藩全集》的出版发行创造了良好的氛围，更为唐浩明从专职编辑转型为作家型编辑架起了桥梁。

作家型编辑：小说《曾国藩》带来的职业升华

《曾国藩全集》的出版可谓"十年磨一剑"。这十多年里，作为责任编辑和"不署主编名字的主编"，唐浩明几乎每日都沉浸在曾国藩的史料和世界当中。他为什么突然想要去创作一部《曾国藩》这样的历史小说呢？

其实，唐浩明创作小说《曾国藩》并不是"突然的"，也不是"偶然的"，稍微夸张一点说，应该是"必然的"。这"必然"主要体现在这三个关键词上：风气、补白和圆梦。

第一，是风气。20世纪80年代的时代风气是反思、开放和创新。唐浩明和很多文化青年一样，亲身经历了那个时代，深受那个时代思想的熏染。曾经被无情打击和否定的传统文化开始回归，文化、思想、学术等各个领域都在反思过去、创新未来。李泽厚的《美的历程》当时在文化读书界反响很大，李泽厚进行学术写作的新视角、新语言、新风格，受到很多人的追捧。"我也很喜欢读他的书，"唐浩明说，"他是用诗化语言来写学术著作的。我后来回想起来，为什么会有《曾国藩》这样的书，你要找源头的话，这些方面可能都是源头。"

第二，是补白。通过编辑《曾国藩全集》和撰写曾国藩研究论文，唐浩明对曾国藩这个历史人物已经有了比较全面深入的了解，而且有了自己独特的认知。因此，唐浩明就想写一部与曾国藩有关的书。不过，他最初的计划是写一部曾国藩研究专著或曾国藩评传。对于唐浩明而言，完成一部曾国藩研究专著并不难，只需要将已发表的论文连贯起来，加以充实就够了，而且当时也有出版社答应出版。至于写曾国藩评传，唐浩明也很有信心。但是，这两个想法后来都被唐浩明放弃了。因为，无论是曾国藩研究专著还是曾国藩评传，都有人做过了，而以曾国藩为主人公的长篇历史小说则没有一部。"做这种事，有填补空白的意义。"唐浩明说。

第三，是圆梦。唐浩明从小就对文章诗词有极大的兴趣，有一个做了很久的文学梦。尽管当年身在工科大学，但他无法忘记心爱的文学，甚至在俄语课上做起了文学梦。"文化大革命"期间无书可读，一旦借到一本文学作品，他就通宵达旦地读。后来在水电工地、在山沟河边，他仍迷恋着文学创作。改革开放后，他有幸考上研究生，获得文学硕士学位，紧接着又成为一名文史编辑，还幸运地遇上了《曾国藩全集》这个大项目。在整理编辑这套全集的过程中，他惊喜地发现，曾国藩这个人物特别适合创作历史小说。因为曾国藩这个人物的个性极为丰富复杂，他的生平极具传奇性，围绕在他身边的一群人物也都性格鲜明，通过文学作品可以走进人物的精神世界，可以鲜明地展示人物的神采风貌，可以尽可能接近心目中的那个人物原型。"我要借此圆我的作家梦。"唐浩明说。

1986 年，唐浩明 40 岁。就在这一年，他暗暗做出了一个大胆而坚定的决定：写一部以曾国藩为主人公的长篇历史小说。

做出这个决定之后，唐浩明便将其他事情都"屏蔽"了，后来还辞掉了岳麓书社副总编辑的职务，以便腾出更多的时间写作。

从那以后，他就再也没有星期天，没有节假日，没有休息日，没有娱乐，没有应酬。白天，他编《曾国藩全集》，在曾国藩的万千史料中爬梳；晚上，他一头扎进屋子里写书，将阅读过的史料化为一个个精彩的小说片段。"就这样，每天晚上要写到一两点。那时候精力很充沛，并不觉得累，尤其是创作可以让人兴奋，每天都处在亢奋状态中。"唐浩明说。很多时候他都感觉不到外面的阴晴晨昏，甚至感觉不到四季的轮回变换，完全沉浸在自己的创作世界当中。

虽然唐浩明有着实现文学梦的强烈愿望，但他却没有被这种愿望冲昏头脑，不惑之年的他有着与年龄相配的理性与冷静。他清楚地知道，虽然自己很早就想当作家，但他自己动手写的东西并不多，发表的东西更少，一下子要写出一个长篇，他心里没底。他就想，先写一个中篇练练笔、探探路。

于是，唐浩明先写了一个五万字的中篇《曾国藩出山》。曾国藩离开京师回到湖南时，面临着大变局的到来，朝廷要他组织一支队伍，应对战事。按照当时的制度，他要在家里办完丧事后守孝三年。也就是说他已经不是朝廷的官员，就是个普通的老百姓，这时，朝廷叫他出山来办团练。唐浩明的这个中篇就是从这里写起的。

《曾国藩出山》完成后，唐浩明找杂志投稿。湖南文艺出版社的《芙蓉》杂志当时已经创刊，且在全国文学期刊界享有一定地位，它在鼎盛时期被誉为全国文学期刊"四大名旦"之一，和《收获》《当代》等刊物齐名。

在一个同事的帮助下，唐浩明的稿子被送到了《芙蓉》杂志编辑部主任朱树诚那里。过了一段时间，唐浩明见到了朱树诚。朱树诚比唐浩明大4岁，那时候也就40多岁，但头发差不多都白了。

朱树诚很认真地对唐浩明说："你的稿子我看了，写得还可以。你这个人物选得好，这个人物值得写，那个时代也值得写。但是这不是一个中篇的题材，要写长篇，你至少要写三十万字的长篇。你要把它作为长篇来构思，这个中篇我不发表了，免得影响你以后的长篇。"听到这些，唐浩明以为是朱树诚婉拒他的稿子，有些失落。朱树诚接着说："你把这个长篇写好，写好后不要找别的出版社，就放在我们湖南

《曾国藩（手稿本）》书影及手稿

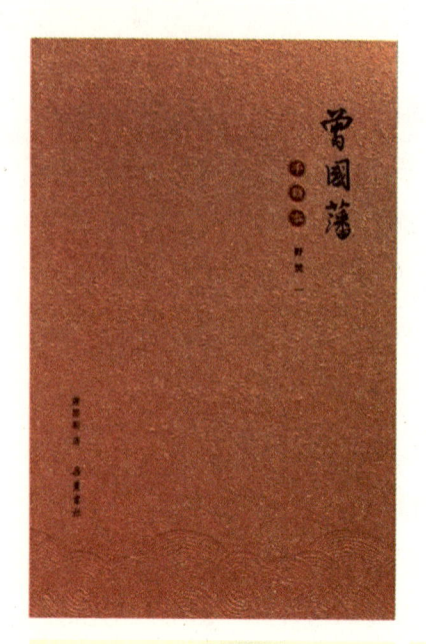

文艺出版社，我来负责出你的书。"这下子，唐浩明受到了极大的鼓舞，也有了更多的信心。因为他知道，朱树诚作为《芙蓉》的编辑部主任，见过很多优秀的作品。他让自己写长篇，应该是有依据的。

经过两年多的日夜兼程，唐浩明终于完成了小说《曾国藩》的第一部，三十多万字。书稿完成后，唐浩明将它交给朱树诚。可是，过了很久都没有消息。唐浩明打听到，原来湖南文艺出版社内部有一些分歧，社内对这个选题有争议，对写曾国藩这个人有不同的看法。

不巧的是，当时的湖南出版界正遭遇一个大风浪，行事比较谨慎。所以，小说《曾国藩》的选题多次申报都无法通过。

作为作者，唐浩明想出这本书在情理之中。但作为编辑，他深知出版这本书是有风险的。

有一次，唐浩明找朱树诚聊天，他发现，朱树诚作为责任编辑，也有所顾虑。他对朱树诚说："《曾国藩》这本书也可能出版不了，这也没有办法，我也可以体谅，就先放放，等有机会时再说。如果出版后会影响不好，我们心里要做好准备，你把责任推到我头上就行了。我是作者，理所当然全部责任都由我来承担。"他还说："朱老师，你放心，有我一口吃的，就有你一口吃的。"朱树诚笑着说："不会讨饭，我们饿不死，粗茶淡饭大概还是有的。"

在唐浩明和朱树诚都感到烦闷压抑的时候，唐浩明的两个女儿准备去台湾看爷爷奶奶。于是，唐浩明便请父亲唐振楚帮他联系台湾的出版社，让女儿将书稿带过去。

一天，唐浩明到朱树诚那里，说书稿要拿回去再看看，再做些修改。两三天后，朱树诚带着副社长曾果伟一起到唐浩明家。这时，唐浩明跟他们讲了实话。他们着急地说："书稿不要拿去台湾。我们没有讲不出，你还是在我们这里出。虽然有一些麻烦，但我们在努力争取。"听他们这样说，唐浩明便把书稿从女儿的行李袋里拿出来，让他们带走了。

不久，父亲那边传来消息，说已找好了一家出版社，叫黎明文化公司。对方要求书稿用繁体字排版。唐浩明找人将书稿抄成繁体竖行，托一个回乡的老兵将书稿带了过去。

1990年8月，台湾黎明文化公司出版了《曾国藩》第一部。3个月后，以《血祭》为书名的大陆版《曾国藩》第一部也在湖南文艺出版社正式出版了。

大陆版《曾国藩》第一部的出版，确实颇费周折。后来唐浩明回忆，可能是这么一个契机最后发挥了很大的作用。当时湖南省新闻出版局调来了一位新局长，叫陈满之。唐浩明想，这是个好机会。

一天，唐浩明走进局长办公室，就出版小说《曾国藩》一事做了一番郑重陈述。陈局长很随和，也不插言，只是默默地听。唐浩明鼓足勇气充分地阐述为什么要写这部书，这部书的大致情况怎么样，这部书的意义在哪里，等等。唐浩明讲完之后，局长才说话："我听了你的陈述，有这样一个认识，我没有跟别人商量，这是我的个人意见。我认为，作为出版局局长，对于出书，我就守着两个底线，越了这两个底线，我就不出。第一个，就是政治上没有问题。第二个，内容上不能是淫秽色情的东西。"他接着说："听了你的介绍，我觉得你这本书稿没有触犯这两个底线，应该没问题。当然，这个事情，我还会跟其他领导谈一谈。"

陈满之局长不是当着唐浩明的面说应付的话，他真的将书稿要过来看，而且要求出版局党组成员每个人都看，看完再表态。很快，结果出来了：出版局党组的每个成员都表态说没有大的问题，可以出。

得到批复后，湖南文艺出版社立刻安排小说《曾国藩》进入正式出版流程。有意思的是，书还没正式印出来，清样在校对室时，几个校对员一片叫好。他们说，这本书太好了，好多年没有看到这么好的校样了，这次读校样就是个享受，这书到时一定好卖。

果然，《曾国藩》印出来后，湖南文艺出版社门前车水马龙，要书的、买书的络绎不绝。

见到小说《曾国藩》第一部有如此好的口碑和市场，对于小说的第二部和第三部的出版，湖南文艺出版社有人有些担心。这次，不是担心书稿的政治问题，而是担心后面的书稿不如前面的精彩。

1991年，第二部《野焚》出版。1992年，第三部《黑雨》出版。几乎与此同时，台湾也推出了黎明版的《曾国藩》第二部和第三部。值得庆幸的是，《曾国藩》第二部比第一部还要好，第三部更好。

唐浩明说："1992年，《曾国藩》三部全部出齐后，湖南文艺出版社知道他们做了一件很好的事情，多少年来他们没有出过这样的书，出版社不断重印。有人对我说，唐浩明你发财了，你的书印那么多。我告诉他们，印得再多也与我没什么关系。那时不是版税制，而是基本稿酬加印数稿酬，很少的一点钱。当然，我写书的目的也不是想去赚钱。相反，是冒着一定风险撰写和出版这部书的。"

小说《曾国藩》出版后，在一片叫好声中，果然就有人在报刊上发文说唐浩明"以小说形式写历史"是"不知常识"，甚至说唐浩明"利用小说来掩盖刽子手的面目，来吹捧曾国藩"。对于这些所谓的"批评"，唐浩明都一笑了之。

小说《曾国藩》出版后，一时间在社会上产生了一个很大的读者群体。一句"经商要读《胡雪岩》，从政要读《曾国藩》"在社会上不胫而走，更加激发了读者对小说《曾国藩》的热爱。

有一天，某市领导经人介绍来找唐浩明。他对唐浩明说："我是你的读者，我很喜欢读你的书，一直想见见你，跟你聊一聊。"他接着说：

长篇历史小说《曾国藩》三部曲书影

1993年,唐浩明在曾国藩故居留影

"我以前每次来长沙开会，司机给我开车，路上几个小时我们基本上不讲话。有时候我问司机一些事情，他基本上是问一句答一句，没有多余的话。可这一次，司机知道我要到长沙来见你，我们两个一路上都在聊《曾国藩》，两人兴奋得不得了，一路上没停嘴。我们从来没有这样聊过天，话题和兴趣从来没有这么高度地吻合过。"

类似这样的读者，唐浩明还见过很多。他首先都是感谢对方对他作品的喜爱，然后很开心地和对方交流。

1999年，小说《曾国藩》被《亚洲周刊》评为20世纪华文小说百强之一。2003年，《曾国藩》获得首届姚雪垠长篇历史小说奖。唐浩明名满天下，他在文学界有了一些声望。一直关心、牵挂唐浩明这个弟弟的唐翼明，为此感到异常兴奋与自豪。他说："我花十年写了一部博士论文，没几个人知道，唐浩明花十年出了一部小说，就天下闻名了。"

历史小说的文学价值毋庸置疑，那么，历史小说的史学含量究竟如何呢？用小说的方式写历史真的是"不知常识"吗？对此，唐浩明后来很郑重地说了这样一段话：

历史有多种表述方式，我以为用文学的方式来表述，有可能最接近历史的本真。这是因为借用文学，可以走进历史人物的内心世界，并深入到过往时代的细枝末节，而心境与细节，恰恰就是人物和时代的灵魂。

小说《曾国藩》的畅销和"曾国藩热"的出现，也推动了岳麓书社版《曾国藩全集》的发行销售。1995年，《曾国藩全集》第一次整体推出便印了8000套，半年后又印了5000套。30本的历史人物全集，两年内发行13000套，这种情形以往是很少见的。这部全集不但在市场上受欢迎，还得到学术界的认可。《辞海》第六版专为岳麓书社版的《曾

唐浩明与兄长唐翼明合影

国藩全集》立了一个词条。

《曾国藩全集》完工后，唐浩明又策划了《胡林翼集》《彭玉麟集》《曾国荃全集》，并担任这几部书的责任编辑。这几个人都是当时湘军中的高级将领，他们的文集都是研究曾国藩和晚清历史的重要史料。

在编辑这些湖湘人物文集的同时，唐浩明借着创作小说《曾国藩》的构思心力和写作灵感，继续利用业余时间进行历史小说创作。大约花了十年，他又出版了《杨度》和《张之洞》两部历史小说。

为什么在写完曾国藩之后，唐浩明会先后选择杨度和张之洞作为后两部历史小说的主人公呢？晚清历史上有那么多熠熠生辉的人物，为什么却选择了他们？

这其实是唐浩明深思熟虑的结果，他想借这三位晚清人物，写出中国传统士人的三种人生命运和生存状态。中国传统士人，从小接受儒家思想熏陶，几乎人人都想通过读书，科举，做官，走"修齐治平"的道路，最终光宗耀祖、兼善天下。这类人的典型代表就是曾国藩。然而，绝大多数传统士人却没有曾国藩那样的定力与运气，只落得壮志未酬身先死的下场。即使他们趋时寻变、左冲右突，也无济于事。这类人便以杨度为典型代表。至于张之洞，他介于曾国藩与杨度之间，他既兼具曾国藩的守正持重和杨度的趋时寻变，又融合曾国藩的重臣气度与杨度的名士风采，可以说，他是传统士人的另一种典型代表。

《杨度》和《张之洞》出版后，同样好评如潮，读者众多。后来，《杨度》获国家图书奖、"八五"期间全国优秀长篇小说奖；《张之洞》获第二届姚雪垠长篇历史小说奖、中宣部"五个一工程"奖。这几部书的时代背景都是晚清，因此，唐浩明的《曾国藩》《杨度》《张之洞》被人们誉为"晚清三部曲"。

《曾国藩》《杨度》《张之洞》书影

1994年，唐浩明在岳麓书社办公室

职业境界：编辑生涯的三个阶段

提起"晚清三部曲"，人们自然想到唐浩明；提起唐浩明，人们自然想到"晚清三部曲"。事实上，"晚清三部曲"不仅在唐浩明的一生事业中占据显要的位置，也在他的生命历程中占据了十分重要的时光。

"我从40岁到55岁，把15年的黄金年华都奉献给了这三部历史小说。"唐浩明说。15年里，他每天都在写作中，每天都有新的感受，每天都处于一种兴奋状态。这是他一生中最充实、最有价值、最美好的时光。古人讲"闭门著书真岁月"，没有亲身体验，这话是讲不出来的。当然，这期间也不是没有烦恼。但是当一个人有了强烈的事业心和热情，能够全身心地投入其中，那一定是累并快乐着、苦并甘甜着。

在唐浩明心里，他认为他的编辑生涯大致可以分为三个阶段：第一个阶段，是刚进入出版社的那几年，即1982—1985年。这个阶段基本是编辑职业摸索期，属于寻找自我的阶段。紧接着的15年，是由博返约、由杂返专，确定领域和方向的时期，这个阶段的唐浩明在编辑角色上多了一重作家的身份。55岁之后，唐浩明进入第三阶段，即以一个专家学者的角色对湖湘文化及其人物进行研究，这个方面的成果集中体现在"评点曾国藩"系列上。

虽然作家和学者这两重身份在有些人身上融合得很好，但是在唐浩明这里，却有一个明显的从作家到学者的转型。在小说《张之洞》出版之后，他决定不再写历史小说了。为何会如此呢？

因为，唐浩明的几部历史小说走红之后，也带动了很多相同和类似题材的作品，特别是与曾国藩有关的作品的热销。在这看似热闹的

2001年，唐浩明在岳麓书社办公室为新出版的《张之洞》签名

"唐浩明评点曾国藩"系列之《唐浩明评点曾国藩日记》书影

图书市场里，唐浩明产生了两个隐忧：一是大多数历史小说和相关图书互相抄袭；二是这些图书多是讲述权谋机巧一类的、中国传统文化中较低层次的"术"，曾国藩这类历史人物身上所体现的、中国传统文化中的"道"，却被忽视淡化了。他觉得，作为"曾国藩热"的引领人物，他有责任为曾国藩做一些正本清源的事。于是，后来便有了他的"评点曾国藩"系列。

2002年，"评点曾国藩"系列的第一部《唐浩明评点曾国藩家书》出版。之后，《唐浩明评点曾国藩奏折》《唐浩明评点曾国藩语录》《唐浩明评点曾国藩日记》《唐浩明评点曾国藩诗文》《唐浩明评点曾国藩书信》陆续推出。在这些评点系列中，唐浩明以可信的考证、丰富的史实、生动的文笔，从曾国藩的家庭背景、人脉关系、性格特征等方面，带着读者一起探寻一个历史人物的心灵世界，解析一个优秀家族的文化基因，触摸一个时代的社会万象。评论界认为，唐浩明的"评点曾国藩"系列是对传统文化研究的一个创新。唐浩明说，这个评点系列的写作宗旨是：以走进曾国藩心灵为途径，以触摸中华民族文化的底蕴为目标。作为一个文化人，这应该才是研究曾国藩的正路子。

经过创作小说《曾国藩》和撰写"评点曾国藩"系列，唐浩明有了更多的文化沉淀，回望20年前自己编辑的《曾国藩全集》，他发现不少差错。借着《曾国藩全集》列入《湖湘文库》出版计划的机会，唐浩明又花了整整4年，对《曾国藩全集》做了一次全面修订。

2016年，唐浩明退休了，岳麓书社返聘他担任顾问，他继续撰写"评点曾国藩"系列，同时也对自己的"晚清三部曲"进行重新勘校与修改。从1982年到岳麓书社当编辑至2016年退休的34年，再加上当顾问的六七年，这40余年里，唐浩明的阅读、思考、创作、

《曾国藩全集》全新修订版书影

研究几乎没有离开过曾国藩。从编辑《曾国藩全集》到创作《曾国藩》小说，再到撰写"评点曾国藩"系列，他在不断走近曾国藩，也在不断接受曾国藩的影响。

"我这一辈子和曾国藩有不解之缘，曾国藩对我有很大的影响。在这40年里，我不知不觉间接受了他的许多人生理念，尤其是修身自律。梁启超说曾国藩最大的长处是'自拔于流俗'。真是如此，曾国藩一生的根基在于修身。"唐浩明说。他受曾国藩的四个理念影响最大。

第一个理念是"慎独"，就是能守住做圣贤的初心，能抵挡住诱惑。曾国藩的军队是他建立的，军队军饷是他筹来的，军队是他管理的，他如果想贪污一点，或者他想接受别人的行贿，都太容易了，而且不会有任何痕迹。可是，面对诱惑曾国藩能守住。打下南京后，很多人包括他的心腹都劝他称帝。这是更大的诱惑，可他不为所动。他不但不动心，还主动裁撤湘军。过去都说，这是曾国藩对大清王朝的忠诚。更主要的原因，在于他想守住做圣贤的初心。在圣贤事业与豪杰事业之间，他更看重的是圣贤事业。

第二个理念是"求阙"。曾国藩在他30多岁事业顺风顺水的时候，便有了"求阙"的理念。他把自己在北京的住处，取名叫"求阙斋"，后来还写了一篇文章，叫《求阙斋记》。所谓"求阙"，就是认可欠缺，不求圆满。它的理论依据是，世界上本来就没有完满无缺的东西。"花未全开月未圆"，当一个事物到"全"和"圆"的时候，也就走到终点了，这就是所谓物极必反。因此，有缺才是正常的，有缺才能长久，才有进一步成长和发展的空间。

第三个理念是"拙诚"。拙诚的反面是机巧。现实生活中，很多人都喜欢聪明、机敏、圆滑等，少有人会去追求拙朴和诚实。曾国藩是一个拙诚的人，或者说以拙诚为做人之本的人。曾国藩常说，以拙胜巧，以诚应伪。他甚至认为，天下之至拙可胜天下之至巧，天下之至诚可胜天下之至伪。这是他的价值观，也是他的人生智慧。

第四个理念是"忍韧"。所谓"忍韧"，就是"好汉打脱牙齿和血吞"。曾国藩常用这句话激励他的弟弟和他的部下，但是更多是用来激励自己。一个人被打败了，或者做事情很不顺利，遭受很严重的挫折和困难，这些都属于"打脱牙"，处在这种情况下，要连牙齿、连血一起吞下去。就是说那个失败的惨相和内心的痛苦，要一点都不流露出来，不让外人知道和同情，也不把责任或怨气推给别人，而是要有一股子总结教训、从头再来的精神。

可以说，唐浩明是将自己的一辈子都"交给了"曾国藩。他从旁观曾国藩，到对话曾国藩，到交心曾国藩，再到学习曾国藩，真可谓曾国藩的"异代知己"。有人觉得，一辈子只着力研究同一个人、学习同一个人，有些不值，但唐浩明却说："如果你真正弄懂一部经书，其他的书自然就能融会贯通。曾国藩是中国文化的集大成者，你读透曾国藩，弄通这段历史，也就会弄懂中国的学问。"这是唐浩明的"一经通"的观点。

从"一经通"的说法来看，唐浩明真的不只是一个文史编辑（虽然他一辈子的职业是出版社的编辑），他也是一位思想深邃的作家和学养深厚的学者。

冷月孤灯：唐浩明的生命意境

2016年，唐浩明的《冷月孤灯·静远楼读史》一书出版。这本书是唐浩明多年来利用工作和创作的空隙时间撰写的历史散文和人生随笔。这部书书名中的两个关键词引起了广大读者的注意。一个是"静远楼"，一个是"冷月孤灯"。

唐浩明的书斋叫"静远楼"。唐浩明说，这个书斋名的出处有三个：第一，也是最直接的出处，就是诸葛亮在《诫子书》中的名言"非宁静无以致远"。第二，来自曾国藩修身中"静"的功夫。第三，来自父亲唐振楚80岁生日时送给自己的联句"慧里聪明长奋跃，静中滋味百甜腴"。

至于"冷月孤灯"，唐浩明在这部书的跋里写道："世人都喜欢热闹，不喜欢孤冷。其实，孤冷也未必不好。孤，让人心思专注；冷，使人精神凝聚。这种氛围，特别适合于思考与创作……冷月孤灯便这样常年伴随我审视、聆听离我们并不太遥远的那一段历史。"原来，"冷月孤灯"在唐浩明那里是一种性情取向，是一种工作状态，更是一种生命意境。

唐浩明这种冷月孤灯的生命意境，在一定程度上是和他的身世有关的。他3岁被迫离开亲生父母，几乎经历半世浮沉，才与父母相见。母亲见唐浩明抽烟，便对他说："抽烟对身体不好，我们身边的人都不抽烟。"唐浩明便掐灭手里的烟，将口袋里的半包烟丢进垃圾箱，从此不再碰烟。后来，唐浩明出版小说《曾国藩》，一向沉默寡言的父亲对他讲了一段很有分量的话："你现在是作家了，经常写文章，用文章跟世界打交道。身为文人，必须牢牢记住：笔下当存忠厚。"父亲的这段话，唐浩明记了一辈子，从不用笔墨去伤害别人。那时候，唐振楚夫妇向唐浩明委婉暗示，希望他能复姓归宗，唐浩明内心当然也渴望如此，但他考虑到养父母尚在人世，觉得自己还不能这样做。不管是在道义上还是在感情上，他都不忍心对这两位辛苦抚养他长大成人的老人造成任何伤害。他将身份证上的邓云生改为唐浩明，是在将养父母养老送终之后。

"静远楼"之"静"、之"远"，都与"冷月孤灯"的生命意境高度契合，折射出唐浩明身上的静气与远虑。这种静气与远虑，还体现在他的专业发展上。晚年的唐浩明常对人讲他两次"背叛"师门的事。

有一年，母校华东水利学院校庆，请唐浩明作为优秀校友代表参会并作报告。当他坐在主席台上时，发现其他优秀校友代表不是水利方面的高级官员，就是水利方面的专家，唯有他是个写历史小说的作家。他突然觉得有几分尴尬，也有几分困惑：水利大学培养的学生抛弃了水利专业，成了作家，这是成功还是失败呢？唐浩明认为，这是他的第一次"背叛"师门。

第二次"背叛"师门，就是指"背叛"他读研究生时的师门。有一年，唐浩明从长沙赶到武汉看望导师。见到导师后，他战战兢兢地将自己的小说《曾国藩》送给导师指导。当唐浩明看到导师接过书轻轻地放在身后，并没有发一言时，他意识到自己再次"背叛"师门了。因为，他研究生三年攻读的是古典文学，导师和其他师兄弟都在专业的学术领地里耕耘，唯有他，写起了小说。

聊起这些往事，唐浩明谈笑风生，他的内心似乎早已释然。因为他明白，他的"两次背叛"恰恰说明，自己一直在坚持自己的爱好、

《冷月孤灯·静远楼读史》书影

唐浩明向大众讲湖湘文化

2023 年 3 月，本书全媒体项目组与唐浩明合影

梦想。在这个过程中，一个人如果缺乏骨子里的静气和性格中的远虑，可能早就随波逐流了。

其实，创作历史小说的难度并不比学术研究低。搞学术研究，最主要的是要有客观理性的逻辑思辨能力。而创作历史小说，不仅需要理性的思辨力，还需要丰富的社会阅历、敏锐的人性理解力、出众的语言表达力以及合乎情理的想象力。就是说，创作一部历史小说需要的精力、心血、智慧，并不比撰写一部学术专著少。在完成3部历史小说创作之后，唐浩明走上了学术研究之路，他的研究成果不是以学术论文的形式出现，而是以更容易被大众所接受的"评点"形式呈现。

长期以来，讲学被中国传统知识分子视为分内之事。明末清初关中大儒李二曲说："立人达人，全在讲学；移风易俗，全在讲学；拨乱返治，全在讲学；旋乾转坤，全在讲学。"

几十年对中国传统文化、湖湘历史人物、传统文人和士大夫研究的浸润，使唐浩明身上也呈现出鲜明的中国传统知识分子的精神风范与理想追求，那就是在读书和立言之外，还积极投身讲学事业。多年来，唐浩明常常参与各种文化论坛和讲演，向听众讲述和传播湖湘精神的魅力、湘军人物的风骨、中华文化的精髓。他讲得最多的还是曾国藩。唐浩明的演讲史论结合、张弛有度、雅俗共赏，受到各界人士的好评，也让很多人养成读书的习惯，重新认识传统文化，开始关注自身的修养与志向。唐浩明的讲学，在很大程度上起到了繁荣文化、移风易俗、教化人心的积极作用。

今天的时代，已经不是当年的时代；今天的出版业态，也不是当年的出版业态。融媒体化、多元化，是当前乃至未来出版的发展方向。在这种形势下，唐浩明启发我们的，或者说期待我们的，是夯实编辑功底、专注出版事业、深耕专业领域，最终成为专家型编辑，甚至成为文化繁荣与传播的引领者。我们更应该像他那样，生出一种植根于生命的静气与远虑，用匠心做书，为时代留史。

蔡皋

问津桃花源

执笔人——郑艳

蔡皋

20世纪70年代，在大众普遍不清楚连环画和图画书的区别时，蔡皋就已开始选用中国民间故事题材为孩子创作插画、自制图画书，她是中国原创图画书名副其实的先驱者。

1979年，蔡皋自编自画的彩色图画书《美丽的小花园》由湖南人民出版社出版。1982年，蔡皋成为湖南少年儿童出版社的一名编辑。为了儿童的需要，先当好编辑，再当画家，拒绝污染，用一颗纯净的心做图书。

1993年，蔡皋获得第14届布拉迪斯拉发国际儿童图书展"金苹果"奖。1995年，蔡皋编辑的四本图画书包揽了"小松树"奖的全部奖项。"小松树"奖创办人、"日本图画书之父"松居直先生指着蔡皋的名字说，"我要见见这位编辑"。1996年，蔡皋获评全国优秀中青年编辑。

2000年，蔡皋被评为全国优秀儿童工作者。2002年，她和松居直先生合作的《桃花源的故事》在日本出版，其中两幅插图入选日本六年级语文课本，原画被日本东京木城绘本之乡美术馆收藏，成为中国图画书在21世纪最初的骄傲之一。2009年，《桃花源的故事》中文版出版，影响了无数孩子。2022年，她获得第34届陈伯吹国际儿童文学奖"特别贡献奖"，颁奖词写道："蔡皋先生是一位热爱自然之美、艺术之美、中国传统文化之美的绘本创作者，更是一位致力于通过绘本将中国传统文化艺术巧妙传递给儿童的绘本创作大家。"2024年，她入选国际安徒生奖（插画家）短名单，是入围者中唯一的中国插画家。

在数十年编辑、创作之路上，蔡皋一路追问，一路探寻。

"忽逢桃花林，夹岸数百步，中无杂树，芳草鲜美，落英缤纷。渔人甚异之，复前行，欲穷其林……"桃花源之于蔡皋，既是理想又是信念，既是回望也是期待。在她看来，桃花源不是一个遥远缥缈的梦，它是现实的，把理想和生活联系在一起。只要愿意，当下就是桃花源。

在蔡皋的屋顶花园里，晨光里向上的紫藤、夏夜里皎洁的昙花、春天里无名的小草，千姿百态，生生不息。她不断地寻找，如同《桃花源记》里的那个渔人，逆流而上去寻找源头。她的作品如蓬头稚子，散发着生动的民间气息；又如霁月光风，现出沧桑生命淬炼之后的倔强与洒脱。

蔡皋非常珍视童书编辑和创作者的身份，她认为优质的儿童读物能让孩子心灵有震动，去领受天地之间的无尽藏、无尽美。她为儿童举起灯盏，让他们有更多机会看到好作品，感悟自然和生命的美好。

暖色童年：生命最初的"桃花源"

健康、包容的童年生活，呵护了蔡皋的自由天性，也带给她审美力与勇气。

生命的小溪汩汩向前，新鲜温暖的风景，次第展开。

心思一好，一切皆好。

蔡皋的人生底色很温暖。她的艺术触感和审美趣味，都与童年的滋养密切相关。

1946年，蔡皋出生于湖南长沙一个知识分子家庭。她原名"蔡小咪"，入学后改名为"蔡皋"。"皋"乃水边高地，有氤氲之气、开阔之美。

蔡皋用"健康"两个字来形容自己的童年。素朴的街区、和睦的邻人、温暖的家，给了她一个清澈美好的生活环境和安全有爱的成长空间。

蔡皋记忆中的老长沙，一条街有一条街的传说，一个巷有一个巷的风景，一方院落有一方院落的故事。青石板上的苔痕、幽深莫测的古井、东升西落的太阳……都是儿时百看不厌的风景。青石巷7号是小蔡皋的家，屋前小巷留下了太多她和小伙伴们踢毽子、跳房子的欢乐记忆。因为街坊都是老邻居、老铺面，不随意变动，有一种稳定感。虽然各家经济条件不相同，但都勤勤恳恳，努力活得安稳。邻里间有基本的信任，彼此交往有礼有节有温情。

蔡家是书香门第，在蔡皋的记忆里，家中长辈都仁厚温良。

母亲有着出水芙蓉般的外表，虽然是一名会计，但特别喜欢文学，连写家信都写得如小说一样。父亲毕业于西南联大，抗战时期曾担任飞虎队翻译，帮助国家训练伞兵，得过飞虎队颁发的银质奖章。训练结束，飞虎队请他移民美国，因不舍家人，他毅然拒绝。

在蔡皋的记忆里，父亲英俊而可爱。这种英俊不仅仅是外表的好看，更是为人心善、厚道，而"厚道的美是无法描述的"。"他帮过很多人，非常宽容大度。虽然遇到很多不公平的事情，但他一直心境很好。"在蔡皋眼中，父亲的可爱大抵就源于这种好心态。那时，但凡家里有一点点好吃的，他就会唱歌，用那种美声唱法，逗得孩子们哈哈大笑。他还喜欢网球、足球、羽毛球、乒乓球等各项球类运动。"有条件运动的时候他一定运动，在不能打球的时候还要握着他的乒乓球拍。"

蔡皋犹记得曾与父亲的一次聊天。那时，父亲已年近八十。女儿问："你一生最幸福的时候在哪一刻？"父亲的记忆拉回少年时期，想起了读雅礼中学时的那场足球赛。正当双方鏖战、千钧一发之际，他腾空而起，脚一勾，球进了。父亲说："我最喜欢的就是那一腿，那么好的一划。"这堪称神迹的线条，让父亲记忆了一辈子。而父亲的回答和那幸福的神情，也让蔡皋回味了一辈子。"他总是能回到最本真的东西，而这些朴素日常的爱，影响着我，让我日后有力量从困顿中走出来。"

童年时期，蔡皋家中并不宽裕，"每天必须计划经济"。父亲在家的日子并不多，母亲也需天天外出工作。操持一家生活的是外婆，影响蔡皋至深的，也是外婆。蔡皋家的生活节奏，是依着四时八节与传统民俗走的。春节祭祖、办年饭，小孩子玩罗汉、玩香棍子，香棍子用来做"毛姑姑"，占卜运气；清明外婆带大家扫墓，顺便踏青；立夏做一种以糯米为原料的长沙小吃"立夏坨";端午扎粽子、做雄黄酒、看龙船;秋分做"秋至胡椒"……困顿环境下,外婆将这同堂三代的生活照顾得妥妥帖帖,安排得有情有致。

外婆会做精致可口的坛子菜,放藠头大蒜的坛子里漂着芝麻,藠头又酸又甜,还做绷紧绷紧的粽子、沁甜沁甜的甜酒。有一次,蔡皋和妹妹们没有节制地偷吃甜酒,大的几个没事,最小的妹妹醉卧床下,半天才被找到。每做一样好吃的,外婆总会先让蔡皋去分送给邻里。在分享的过程中,她见到人们的微笑,听到人们的致谢,心里如吃了甜酒一般甜。

而外婆最厉害的地方,在于有一肚子的好故事。记忆里,她总是边搓麻线、打衬壳子、剪鞋样或纳鞋底,边讲好听的民间故事或唱湘语童谣。那些个聪明媳妇与蠢男人的故事,逗得孩子们哈哈大笑,乐得在床上滚来滚去。外婆教唱的童谣"种莲子,开荷花,莫种籽,到老家,点点墨,不开扯,莫等对门王狗子晓得……"蔡皋一直记得。她还教孩子们各式好玩的小游戏:剥蚕豆,蚕豆壳儿可以玩"指头戏";剥豌豆,豌豆粒用细竹签串起来,就成了小动物和小人儿;剥莲子,外婆唱"一个坛子细细盖,里头装兜好青菜",咬破莲子一看,里头果然有棵漂亮的"小青菜"。几姊妹都喜欢围在外婆身旁,因为时时有欣喜,处处有惊奇。

外婆讲的话也极妙。派蔡皋出去打酱油,会说"牛一样地出去,马一样地回来",意思是别贪玩,做事情要让人放心;让她做家务,会说"眼眨眉毛动",意思是做事要机灵点,注意观察别人的表情。外婆教她"出门看天色,进门看脸色"。她出门,看出"天天是好天",不肯带伞,心想:背着书包、拎着石板、牵着妹妹,还要夹两把伞,是何等景象?不想,每每如此,雨偏偏就来。但不管是赤着脚还是不赤

《记得当时年纪小》插图。该书获评2021年"中国最美的书"、2023年第十届全国书籍设计艺术展插画类佳作

着脚跑回来，迎接她的都是外婆的表扬。对此，外婆自有一套"辩证法"："赤着脚是因为识得艰难，爱惜布鞋；不赤着脚是爱惜身体，免得病，省得钱，一样是懂事。"

蔡皋说，外婆送给她最好的礼物就是"自信"，而自信就源于这些深蕴于日常中的智慧与朴素辩证法。

在外婆心中，万事万物都是可以被接纳的，也都是可以转化的。因懂得接纳，懂得转化，人之为人的自主性、能动性便被调动起来，独特性得以彰显，创造力由此生发。外婆给蔡皋讲"一蔸雨水一蔸禾"。是什么物种，就要像什么样子；是一颗谷种，就要长成禾苗。要时刻准备着接住上天赐予的每一滴雨水，滋养自己、成全自己，生生不息。

当时年纪小，蔡皋听不太懂。等琢磨明白，已到了当外婆的年纪。

外婆教会她：生活没有什么是不好的，是"一万个值得"。因为值得，所以珍视。因为珍视，才把一个个朴素的日子过出了诗意，活出了美气。外婆穿的衣服、每日做的饭，都清清澈澈。她对花草有天然的喜爱，常常摘几朵小花戴在几个外孙女头上。而这，也成为蔡皋最初的美学启蒙。

蔡皋的美学启蒙还与戏剧相关。外婆、母亲、姨妈都是戏迷，常常带着她一起看戏。地方戏自然不必说，过路戏班子的戏也是有则必看。蔡皋有一个远房舅妈，是湖南湘剧院的一个名角，她们经常去捧场，《逼上梁山》《天女散花》《九件衣》等都看过。其中，蔡皋最喜欢的是《天女散花》，被戏里的服装深深迷住。她按捺不住内心的喜欢，趴到床下，找出一块松软的木炭，将戏里人物一股脑儿地涂到了青石地上、墙上，还有木质门板上。大人看了，也不恼。当时在北师大幼教系当讲师的三姨还特意送给她水彩盒子与颜料。邻家有个齐嫂子，怀里抱着婴儿。每次蔡皋画这些的时候，她总是静静地站在身后看着，甚至还请小蔡皋去她家的门背上画上一幅。有了"观众们"的鼓励，蔡皋画得更起劲了。

童年是蔡皋生命最初的"桃花源"。回溯生命的源头，蔡皋总有说不完的话、叙不尽的情。她说："童年的天空，飘着风筝；童年的衣服，花花绿绿；童年的气息，混合栀子花和茉莉花的异香；童年的色彩，如传说一样奇妙。"

健康、包容、温暖的童年生活，呵护了蔡皋的自由天性，也带给她审美力与勇气，让她在朴素日常里保持热爱，于艰难困顿中寻见光明。她说"根植于童年深处的东西，引导了我一辈子"。有此坚实、温润的河床，生命的小溪得以汩汩向前，新鲜温暖的风景次第展开。

书痴和"麻辣"教师:"我们都应该有一盏灯"

书如灯,照亮内心的鉴别力。乡村教师岁月,亦如灯。

太湖小学,是蔡皋生命中的第二个"桃花源"。

一灯照隅,万灯照国。

蔡皋自小不服管束,好自由。步入小学之后,淘气指数依然爆表。用过的木桌都伤痕累累,课本上的人物都被改头换面。哪怕是排队时看到前面同学的汗褂子破了一个洞,她都手痒痒,想把笔伸进小洞洞里画个小头像。她"上课时喜欢就认真听,不喜欢就偷偷干私活——在课本上画画,和同学一起编连环画"。同学们看她画得有趣,都来找她帮忙,请她把自己的课本也改造成有颜色的"图画书"。

课堂上,有些老师讲得没意思,蔡皋不喜欢,就自己偷偷看书。她几乎把当时所能找到的书都读了个遍:《林海雪原》《铁道游击队》《莎菲女士的日记》《青春之歌》《三家巷》《太阳照在桑干河上》《山乡巨变》……一本本"跑马一样地看",其中《呼兰河传》给予她文学上极大的震撼。她说,"这种感觉,实在太奇妙了","很多事情真是一种遇见,你碰到了,读进去了,到了这个当口,是没办法回避的"。

就这样,"淘气包"变成了"书痴"。可以说,整个小学阶段,蔡皋都是在自主阅读、自我教育中度过的。这种习惯和能力,伴随她一生。

小学毕业之后,因"出身"不好,她只能去一所叫蔚文中学(后改名为群立中学)的私立学校。学校由当街的几所民房改造而成,楼梯的木板仿佛摇摇欲坠,人走在上面咯吱咯吱响。没有礼堂,没有草坪,碰到要开朝会或集合，得移到茅棚里。但就在这工棚一样简陋的地方，却聚集了一批非常优秀的老师。

"教室很昏暗，但老师的课讲得很好。那个地方，虽昏暗却又那么明亮。"在这里，她遇见了"生命中的文学之光"——一位兼具文学家与艺术家气质的语文老师王中一。蔡皋回忆说："他上课不用看课本，收放自如，让人入情入境。""课文讲完了，就讲文学，讲莎士比亚的戏剧、雪莱的诗歌，讲《安娜·卡列尼娜》，讲鲁迅，讲唐诗。""他自己也爱读诗写诗，案头就放着《辞源》《辞海》、莎士比亚的著作，他也要求我们直接读、直接背。"

蔡皋仍记得，语文课上，老师引导学生留心鲁迅笔下祥林嫂"乌裙，蓝夹袄，月白背心"的打扮；数学课上，老师展现的那无处不在又无与伦比的逻辑之美。

三年中学时光很快度过。1962年，16岁的蔡皋，作为全长沙被录取的七位优等生之一，进入湖南省第一师范学校（以下简称一师）。

"一师是个师资力量很强、藏书很丰富的学校。"身处这样的环境中，蔡皋如沐春风。她深深沉醉在诗歌等文学与美的召唤与熏习中，一点一点被带入古典文学"迷人的陷阱"，一心只想"去找源头"，去读更多的书。她喜欢"桃李无言，下自成蹊"；喜欢"陌上花开，阳春三月"；喜欢归有光的文字，一直记得《项脊轩志》："娘以指叩门扉曰：'儿寒乎？欲食乎？'吾从板外相为应答。语未毕，余泣，妪亦泣……"如闻其声，如见其人，情意依依。这一份份喜欢，如同一颗颗艺术的种子，撒入心田。

在一师，蔡皋还欢喜不尽地读了很多外国文学作品，如普希金的诗歌、屠格涅夫的散文、契诃夫的短篇小说、托尔斯泰的长篇巨作。"只要能看的，就挑最好的看。看到陀思妥耶夫斯基，看到托尔斯泰的

湖南省第一师范学校毕业班合影，左下角第一位为蔡皋

时候，很多东西就一览众山小了。"陀思妥耶夫斯基的作品中，她最喜欢《白痴》，喜欢那种黑暗、冲突、张力。托尔斯泰的作品中，她最喜欢《安娜·卡列尼娜》《战争与和平》，被书中人物的命运深深牵系。

她形成了自己的阅读法——两两相对读。读维克多·雨果的同时，一并读巴尔扎克。她说，"维克多·雨果是天上星辰，是如星星一样照亮自己的人；巴尔扎克是人间喜剧，是一盏一盏亮过来的地上的灯。"

慢慢地，她"懂得了文学的层次"，有了自己的鉴别力与判断力。这星光与灯光，从此照亮她的前行之途。尽管不久后书被封存、被搜走，但心灯已点燃，光亮就不会轻易黯淡。

在日常上课、读书之隙，蔡皋自学画画。当时的师范教育提倡"一专多能"，要培养"什么都能教的小学老师"，学生也可以选择一项专长。她毫不犹豫地选了美术。因为从小就画得好，她不缺创作的机会，还发现"给班级出黑板报、给学校画板报，比在家画'壁画'过瘾多了"。

自一师毕业后，蔡皋先是被分配到株洲县文化馆工作，画毛主席像和革命宣传画。一次活动中，她与湖南水彩大师朱辉老师一起画战争英雄。朱辉老师画大画，蔡皋在一旁画小画。朱辉老师过来一看，表扬说："哎哟！天才啊，色彩的天才！"她看看自己的画，不知道哪里就天才了，但得到名家认可，她对画画这件事越发笃定了。

而此时，风雨如晦。读书人"由白转黑"，蔡皋一家遭受狂风骤雨的磨砺。风雨逼得人匍匐前行，一些根底轻飘的人很快就被吹倒在地，人性的诸多阴暗面在动荡中展露无遗。蔡皋很早就有过在风雨中奔跑的经历，一种从小就有的方向感，让她慢慢从绝望中回暖。能读的书都被搜走了，蔡皋也不遗憾，她早把自己能找到的书都读完了，而"书痴"状态带来的思想深度的跋涉，令她坚信"一切都会过去的"。

因在运动中不愿检举揭发别人，在株洲县文化馆工作一年后，蔡皋被重新分配至株洲县太湖乡的一所小学——太湖小学。

初到太湖乡，蔡皋有种被"流放"之感。从镇火车站去太湖，其间有二十多里路。背着行李，行走在乡间土路上，两路青山相迎，蔡皋想起"万象为宾客"，想起自己亦是这飘摇逆旅人，"回头一望，两头都是路，望都望不到岸，眼泪就吧嗒吧嗒乱掉"。

可到太湖后没过多久，蔡皋便被这里的灵秀与淳朴所吸引。

太湖远离城市，有种难得的平和与安静。太湖小学坐落在一间唐朝时期修建的古旧寺院里。院子里有棵六朝松。放眼望去，周围的山峦以寺庙为中心，像莲花似的层层展开，一块福地浑然天成。就是这块小小的莲心之地，让蔡皋的心安定下来。

在学校，她主教美术，自称"麻辣教师"。在她的理解中，"教师应该是富有思想与创造力的，对学生应该起到引导的作用"。因而她将教学重点放在激发学生的兴趣上，课堂上怎么有趣怎么来，怎么有吸引力怎么来。学生很喜欢，其他老师也觉得她教得好，她就把全校美术课都包揽了过来，一周上二十多节。有老师请假，她就去代课。除了体育，语文、数学、英语、音乐等课她都代过，连边弹风琴，边教孩子们唱歌，也不在话下。

上课时，她站在台上教美术，讲课文和诗词。下课后，她放下粉笔，春插秋收，砍柴、担水、打坝、起水塘，什么都干。连学生运动的操场都是靠老师们的肩膀一担一担挑出来的。日子很艰苦，却也很安宁。

她最喜欢看学生们到校。"八点左右，麻雀子一样来，两两三三、一群一群从这里过来，那里过来。田埂的宽窄让人只是三三两两，一行行，远看是一个个的色坨坨。"日日与孩童相处，她被孩子身上的纯粹与质朴深深感染。"云来了、风来了、雨来了，他们都会很快乐。""他们从山里来，会带给我一枝杜鹃花，悄悄插到我的房间。"村民们觉得

蔡皋在太湖小学任教时的写生及插画创作

她是个好老师，待她十分亲切。慢慢地，蔡皋体味到人生深层的喜乐，思想境界渐趋明朗，生活也"日日是好日"地好起来。

蔡皋说："那种感觉，就好像是把生活翻了一个面，那一面是'生'，翻过来即'活'。'活'，就像脚踩在田里这种实，鼻子里闻到泥巴气和禾穗气这种实。而'生'是有理想牵引的'生'。"

太湖小学，是蔡皋生命中的第二个"桃花源"。在这所乡村学校生活的六年时光里，蔡皋走过一个个幽暗的山洞，努力去发现人生的光明处——当时以为那光明只是裂缝中一缕微弱的光线，如今看来，它早已穿越岁月，弥漫了山川和苍穹。山村的一草一木、一山一水，曾经走过的田埂，喝过大碗茶的茅亭，听过的潺潺溪水，见过的农家风景，后来都化作《桃花源的故事》里那些如诗画卷。

蔡皋说："如果没有这段生活就没有我的绘本。它以不同形式出现在我的艺术创作里，带着我对自然的敬意和对农耕文化的亲切感。"尽管之后调至株洲县师资培训班教美术，一年后又在株洲县第五中学当了六年中学美术教师，但它的影响，绵延一生。

从童年走到成年，她从未离开过书的滋养。"童年读书，到底为了什么？"在很多活动现场，这个问题被一再问到。而她总是一遍又一遍不厌其烦地告诉大家："童年读到的书，如雨润禾苗塑造孩子的模样。要下读书的功夫，就从童年开始。"

书是灯，将她照亮。若不是对文字心存敬畏，若未曾领略过文学的魅力，或许蔡皋日后也不会从事与文字相关的工作，更难以让自己的创作深蕴文化内涵与精神品格。

而忆起乡村教师岁月，她印象最深的也是灯。"那时，老师们所有的作业都是在灯下批改的。清早备课的时候，天还没有亮，我们每个（老师）就拿着那盏灯鱼贯而入，去我们的教室、办公室。远远看起来，就是一条龙，星星点点，一盏又一盏地亮过来。"

不知，不可怕。没有灯，才可怕。

蔡皋说："我们都应该有一盏灯，既照自己，也照别人，去发现生活晦暗地方的光亮。"她希望将这盏灯举得高一点，再高一点，照亮更多的人。而这，也成为她人生转型的内心动因。

出版社大学:"好书背后一定有好编辑"

编辑工作如针线活。

布线行针是将优质图画书理念融入具体作品的创作与编辑实践中。

1982 年,对于蔡皋而言,非同寻常。这一年,她告别 14 年的执教生活,由一名乡村教师转为一名童书编辑。湖南少年儿童出版社,成为蔡皋生命中的第三个"桃花源"。助力她完成这一转型的,是湖南少年儿童出版社第一任社长王勉思、时任低幼部主任郑小娟,还有杨福音、蒋子丹等人。

说起蔡皋与出版、与湖南出版界的关系,还得将时间拨回她在株洲乡下任教时期。那时,蔡皋一边教书,一边坚持个人自学、创作。没时间画大幅油画,她就利用课余碎片化时间画小幅的速写、水彩和水粉画,还借来著名画家华山川的连环画、苏联《星火》杂志,挑其中最好的画临摹。

最初,她主要画给自己的孩子和学生看。1971 年,女儿萧翱子出生。1974 年,儿子萧睿子出生。当时的幼儿读物少,蔡皋就自己用纸折成小小的书,用骑马钉装订好,在上面绘画,"用画滋养儿女",也"滋养生活的信心"。

后来,株洲美术协会的师友鼓励她向《红领巾》杂志投稿。《红领巾》是 1971 年湖南人民出版社创办的一本少儿期刊,深受小朋友读者喜爱。在文艺期刊稀缺的当时,也为广大文艺工作者和爱好者提供了一个难得的创作平台。蔡皋第一次投稿就被录用了,特别开心。也是

1971年，蔡皋在太湖小学任教时女儿萧翱子出生

蔡皋与家人于株洲县五中任教时合影

由此，她与《红领巾》杂志的创刊编辑郑小娟结缘。

有一次，蔡皋去编辑部交稿，郑小娟就让她坐在办公室现场画画。当时临近"七一"，她创作了一幅《葵花向太阳》。郑小娟看后很满意，当即用那幅画作了杂志封底。郑小娟既是编辑，也是画家，对作品有着敏锐的感知力与专业的判断力。她和蔡皋一样，"酷爱独立绘画创作"，工余时间全部用于画画。相仿的艺术追求、相似的创作经历，让两人彼此了解，一经交谈，倾盖如故。

《红领巾》后来改刊名为《小蜜蜂》，蔡皋经常投稿，作品常被采用。从彩插到期刊封面再到连环画故事，她的绘画才华慢慢得以施展、凸显。其自编自画的单行本彩色图画书《美丽的小花园》获1976—1980年湖南少年儿童读物美术一等奖，创作的《贺胡子》《B角演员》《三色圆珠笔》等连环画作品也纷纷获奖。

1982年，湖南少年儿童出版社成立，急需专业人才。王勉思社长、郑小娟主任便想将蔡皋调至出版社工作。那个年代要从教育系统调骨干教师，难度非常大。"那年我36岁，这中间的过程太不容易了。我很感激我们社长和诸位师友。他们为了我的调动，全都去过我在株洲乡下的住处。"聊起调入出版社的经历，蔡皋总会由衷地表达内心的感激。

她至今仍记得1982年10月30日到湖南少年儿童出版社报到时的场景，"那是人生中最幸福的一刻"。接到调令后，蔡皋花半天办完所有手续，第二天即去单位报到。走进出版社的院子，走到一棵树的绿荫底下，她突然觉得自己很轻，走路像风一样。"嗖嗖嗖地走，一种特别轻盈的感觉。几步路走下来，我心里忽然紧张害怕，默默对自己说不要着急，慢一点，享受一下。我走了这么多年，终于走到这条路上。"后来，蔡皋悟到了当时为何整个人仿佛飘起来：因为经历沉重，因为

《美丽的小花园》图书内文

得来不易，更能体知那份放松与轻盈。

在那个年代，要做好童书编辑并不轻松，也难轻盈。"图画书是什么？""为什么字这么少，还这么贵？""有什么用？"时值改革开放初期，经济文化百废待兴，图画书市场一片荒芜，图画书读者尚待培养。蔡皋只有一个念头，那就是"拼命地把中国的图画书做起来"。曾有访谈者问："当时绘本远没有现在受欢迎，也不太受到讨论和关注，会不会有寂寞之感？"蔡皋的回答干脆利落："不寂寞。"在她看来，"做图画书是为未来在做书，当下不做，就会愧对未来的追问。好东西留得住纸，人们会回过头来对它重新评估。儿童一拨一拨都是新的，图画书不会老"。

她把在别人看来有些"悲壮"的事情，做出了一股壮阔之气。蔡皋坚持要"努力赋予一本书旺盛的生命力"，发挥自己的十八般武艺，从选题立项起，就与作者针对文字、图画、情节、人物等进行多维沟通，制作过程中，对版式、装帧、用纸、油墨、工艺等各环节精细打磨，力求达到质量与成本的最优平衡。成书出来后，她还努力参与推广，让作品被更多人看见、接受、认可。

做书需要编辑的功力，审美趣味及眼光是功力的重要部分。拥有慧眼才能对一本书有深刻的认识与准确的判断。中国原创图画书的发展，在一定程度上取决于编辑的高度，短视的编辑是走不远的。另外，如何学习中国的传统文化，将过去的璀璨文化与现代人的观念融合，也是一门大功课，学习传统像学写字一样要先描红，在描红的过程中慢慢体会，创意就自然出来了。

她从编辑"最省""最小"的童书做起。比如，蔡皋当时编辑制作的《七色花故事画库》就是典型一例。《七色花故事画库》包括《面包娃娃》《小猕猴吃瓜》《肥国王》《五彩金鹿》《聪明的多尔索》《财主和割麦人》《狡猾的酒店老板》七个故事，一套七册，共卖七毛钱。每册的开本仅小朋友手掌心那么大，盈盈一掌间，又可完全展开，拉开也就一手长，不会掉。小朋友们既可看故事又可把玩，很是有趣。

这样的形式在当时的儿童绘本领域几乎是一个开创性的试验。但这种意识，其实很早就存在于蔡皋的创作与编辑实践中。进入出版社前，她自编自绘的《美丽的小花园》一书在色调、人物造型、图文编排等方面就有很多异于同时代作品的地方。蔡皋天生有股爱探索的劲儿，她希望自己编辑的作品能让孩子在阅读的同时体验到寻找与发现的乐趣，如同儿时外婆陪她们姊妹几个做游戏一样，好玩、有趣，还能有所思。对待每一次编辑机会，她都很用心地去琢磨和尝试用不同的形式与风格来表达一个作品、一个主题。日本绘本画家津田櫓冬曾这样称赞："她不是那种受'儿童书上的画，就应该是这样'观念束缚的人。"

对于做编辑，她的内心始终有一个声音，那就是："我不能让任何一个好作品从我的眼皮底下溜走。"而好作品源自好作者，可那时"童书原创基本没人愿意做"，组稿时常碰钉子。

"儿童的角落，大艺术家不来，大画家不画儿童画。"蔡皋很痛心，但她从不气馁，积极探寻突破口。她想起鲁迅"20年文学生涯，创作与编辑并举"的经历，想起"那时候的编辑，个个都是写文章的高手，所以他们才能够约到好稿"，便决意自己参加各种绘本和插图比赛。

蔡皋参加的第一次全国性比赛，是1987年在上海举行的"中国儿童读物插图作品邀请赛"，其作品《七姊妹》赢得全场评委一致认可，获得了优秀作品奖。蔡皋说："我去参赛，是想让评委们知道，在湖南还有这种水平的编辑。在业内，我算是有了自己的'名片'。作为图书编辑，我们要千方百计去获得能力。获得认可才能吸引到好的稿源，艺术并不是主要目的。"

一句"艺术并不是主要目的",将蔡皋的编辑精神和奉献精神展露无遗。在很多人眼里,她是著名的图画书创作家、画家、艺术家。殊不知,在她孜孜不倦的艺术创作与追寻路上,还有一个重要动力,那便是——做个好编辑。

蔡皋说:"好编辑才能组到好稿,编辑的工作就像'针线活'。"要掌握好这门"针线活",练就一手飞针走线的好本领,既要熟练把握"一根针",还要善于穿针引线、布线行针。

而这根"针"就是关于图画书的一些根本性、源头性问题,如:图画书是什么?为什么要出图画书?好的图画书如何好?"穿针引线、布线行针"就是将好的图画书理念融入一个个作品具体的创作与编辑实践中,考验编辑的文化眼光、审美趣味、专业素养与编辑功底。

尽管此时的蔡皋已在图画书编辑方面积累了一些经验,但对于图画书的许多本源性问题的认知还停留于个人主观、感性层面,背后原理尚未澄明。为此,她跑图书馆查资料、读文献。当时,关于图画书的资料很少,可她却意外发现了一批来自日本的图画书。原来,1983年春天,湖南省与日本滋贺县建立友好关系后,日本陆续捐赠了一大批图画书给长沙,这就是"滋贺文库"。蔡皋如获至宝,浸泡在图书馆,"开始像学龄前孩子那样读书"。这样的阅读,没有文字做拐杖,她渐渐感受到那种在图画书中读懂故事的乐趣。她一边读,一边琢磨,一边编辑,一边创作新的图画书。

研读资料的同时,蔡皋没有放松个人练习。她到同事家里,临摹他们收藏的画册。有上海的画家到湖南来办画展,她每次都赶去看原作。蔡皋说:"我一辈子做梦都想去美术学校,但是一辈子都去不了,出版社就成了我的大学。""我是本地的'神仙'、过路的'神仙'都学,天上飞过的鸟儿,也是我学习的对象。"

对于编辑的学习与个人创作，湖南少年儿童出版社一直给予极大的包容与支持。出版是典型的创意型产业，少儿出版的专业属性使其与大众出版有很大不同，更大程度上需要从业人员有责任心、爱心、童心和耐心，从确立选题、编辑加工、装帧设计到市场营销以及延伸服务都表现出鲜明的"责任叠加"的专业特色。编辑的成长，来自个人主观能动性的发挥，更与平台的赋能密不可分。一个优秀的出版社负责人会比其他人更重视这一点。而热爱出版、知人用人、具备平衡经营与管理的能力也是优秀社长的共性。蔡皋认为自己职业生涯中遇见的王勉思、骆之恬、张光华、张天明以及彭兆平等几任社长，都是这样敬业而优秀的人，她深感幸运。

蔡皋仍记得到岗第一天，王勉思社长牵着她的手到一个一个编辑室介绍"这是新同事，画家蔡皋"，令她特别温暖。"勉思社长非常大气，非常尊重编辑意见。"有次《蓝眼睛的小咪咪》准备改版，请一位著名画家画了封面。讨论时大家各抒己见，蔡皋认为原稿比这位著名画家的更好。王社长让她说理由，蔡皋说原稿中小猫竖起尾巴，只有紧张的时候，小猫才会竖起尾巴，有种怯怯走向新生活的味道。王社长采纳了蔡皋的意见，保留了原稿的封面。

王勉思社长退休后，骆之恬先生接任社长一职。他对编辑的支持体现在许多细节之中。蔡皋记得，有一次讨论重点选题《中国民族节日风俗故事画库》，骆社长在会上就提出让蔡皋先画一本。而当时，编辑自己画是不符合规定的。骆社长则说："蔡皋你自己画，可以更好地去组稿。"正是因为这份信任与期许，蔡皋才创作出了《晒龙袍的六月六》。

"光华社长当时没有直接分管低幼读物这一板块，但也是非常投入、一门心思把湘少社搞好的好社长。"谈起张光华社长，蔡皋记忆最深的是听她谈选题，非常专业且富有启发性。碰到好的选题，光华社长总

1981—1982湘版优秀少儿读物授奖大会上，蔡皋（前排左二）与王勉思（前排左四）、张光华（前排右三）、骆之恬（后排右七）等人合影留念

喜欢用"眼睛为之一亮，精神为之一振"来形容。当时社里流传着她做《鸿雁快快飞》与《法制教育读本》这两套书的"四个一"故事。这"四个一"就是"一次偶然的探访，得知一个会议消息，出版了一套书，发行一千二百万（册）"。后来，她调任湖南省新闻出版局副局长，主管图书出版业务。

张天明社长后来任湖南出版集团总经理，他是一位富有人文情怀的诗人、作家和摄影家。天明社长将湘少社经营得既富艺术人文之美，又有温煦贴心之暖。当时社里每年会给编辑安排一个月的"创作假"，鼓励编辑们搞创作。蔡皋的《宝儿》就是在"创作假"里完成的。

那些年，湘少社主办或联办了多次重要的研讨会、笔会，包括儿童文学三峡笔会（1990年4月）、首届世界华文儿童文学笔会（1990年5月）、全国童话作者笔会（1991年5月）、儿童文学长沙－张家界研讨会（1992年8月）等。忆起这些，蔡皋激动地说："那真是过瘾。我们过得很幸福，很有激情。"

彭兆平接任社长时，蔡皋临近退休，当时出版社遇到比较大的困难和挑战，彭社长推行了一系列对外开拓、对内改革的举措。"我佩服兆平做人的境界，她有很多层次是不太为人知道的，到一层有一层的风景，到一定的时候我才看到她另外一面，那种高境界令我感佩，令我觉得了解一个人，要一辈子。随着时光流逝，我越来越体会到兆平的好。"蔡皋这样说。

2016年5月，"啊，布籽的季节——蔡皋个人艺术展"开幕；同年7月，"月亮粑粑——蔡皋的艺文世界"特展暨《蔡皋的绘本世界》新书发布会举办，都是彭兆平代表中南传媒致辞。她的发言理解之深切、情感之真挚，深深打动了在场的每一个人。

在创作编辑之路上，蔡皋还结识了一大批志同道合的师友。他们品行优秀、才华横溢，蔡皋觉得在工作中能得到他们的帮助真是幸福。如以上海少年儿童出版社的俞理、何艳荣为首的七位女性，被称为"七仙女"；中国少年儿童出版社的季颖、杨永青、黄毅民、沈苑苑、马季、吴银妮、吴带生、周宪彻等。这些上海少年儿童出版社与中国少年儿童出版社的同行，他们的工作影响了各省编辑们。还有人民美术出版社的温泉源，江苏少年儿童出版社的周翔、王祖民，浙江的王晓明、陶文杰，湖北的陈中耀。

其中，俞理与蔡皋一样，都是以画家身份切入图画书编辑和创作工作的。蔡皋从她身上，感受到榜样的力量。令蔡皋最为感动的是，她为了儿童出版事业的发展，将创作放到了次要的位置。

俞理毕业于鲁迅美术学院，1957年就开始为儿童图画书画插图及封面，主要获奖代表作有《阿布加和中国医生》《数一数》《岩石上的小蝌蚪》等。俞理老师的先生何礼蔚也是美术编辑，专攻油画。蔡皋非常钦佩俞理夫妇，他们为了儿童出版事业放弃了成为油画家的机会。他们夫妇气质高雅、琴瑟和鸣，感情很好。先生回家经常带一束花给妻子，很浪漫、很有诗意。他们还收藏了许多好画、好书、好光盘。蔡皋去上海出差，他们就在家里接待她，让她欣赏自己的收藏，沉浸在美的分享中。

俞理认为从事儿童绘本编辑与创作的人一定要提高自己的修养，要多看书、多听音乐。底蕴有了，做编辑才有更好的审美鉴别力，创作出来的东西才会有味道。

温泉源先生是插画家，其儿童画风格鲜明，如同在原野里自然疯长的生命，情绪饱满、无拘无束、一派天真。其作品《大椅子》《春娃娃》《谁的小手帕》等影响很大。当年湘少社准备出版一套重要丛书，蔡皋在组稿时联系了多位自己喜欢的画家担任分册绘画作者。大部分画家同意了，只有温泉源以回信的方式拒绝了。这封信给了当时的蔡皋一次"棒喝"，温先生直接写下："我年纪都这么大了，我还能画出多少作品呢？所以我想挑一点好的图画书来画，你们的文稿还可以水准更高一点。"

温泉源先生的这种直率令蔡皋特别感佩。作为不断自省的人，蔡皋深知批评的意见很难听到，因为少见，所以更加珍贵。后来，她和温先生成为很好的朋友。这样的经历也提醒蔡皋要不断和文稿作者打磨文稿，不断提升作品品质。

当时，杨永青先生组织了一个协会，将大家聚到一起，探讨儿童文学，互相观摩作品。每年见面，温暖真挚，亲如家人。忆起这些交往，蔡皋深深感怀："他们写给我的信，我全部保留着，每次的互相问候，开两句玩笑都在这里，我怎么能丢掉？我舍不得啊。我都给包好，不轻易去翻动，因为翻起来，我有点难过。很多人都不在世了……"

在出版社的这段"桃花源"岁月，蔡皋如同一蔸奋力生长的禾，接受天、地、人的给予，迎接雨水的滋养，慢慢灌浆、日益饱满。

蔡皋也越来越坚定，作为图画书编辑一定要实事求是地了解儿童，将儿童作为拥有独特文化与独立精神的客体进行研究，要有对儿童阅读体验的细腻把握与工匠精神。因此，继《七色花故事画库》之后，她又参与编辑和设计了引进版童书《小兔彼得》，以及《黑眼睛丛书》《小蛋壳丛书》《风信子丛书》《三湘传说》《中国民族节日风俗故事画库》等，创作了《不当小气球》《挂满童话的树》《老松树的旅馆》《馋嘴鬼》《隐形叶子》《秦西巴放鹿》《丑王子》等，带着童心、童趣，将自己的认知、情感、思想糅进一本本图画书里。

此时，国内图画书的创作与发展慢慢受到关注，相关的评选会、研讨会也逐渐多了起来。1995年6月，国际儿童读物联盟中国分会

（CBBY）主办"小松树"儿童图画书评奖活动，湖南少年儿童出版社选送了20多种图书参评。这是一个学术性比较强的奖项，对参评图画书的品质要求甚高。令人意想不到的是，此届"小松树"奖的所有奖项竟然由一家出版社包揽，而四本获奖图画书出自同一位编辑之手。这家出版社便是湖南少年儿童出版社，这位编辑正是蔡皋。

当日，"小松树"奖创立者、"日本图画书之父"松居直先生来到会场，看到评选出来的《小蛋壳历险记》《贝贝流浪记》《小兔小小兔当了大侦探》《贝加的樱桃班》这四种图书，格外高兴。当他得知这四种书由一人责编时，非常惊讶，点名要见这位编辑，说"一本好书背后一定有一个好编辑"。

于是，就有了蔡皋与松居直先生的第一次会面。"那是一次令人难忘的谈话，平时很少有人有兴趣和时间同我讨论精神方面的事，松居直先生关心我们的工作，但他更想知道'为什么'。"

蔡皋一一回答这些"为什么"，同时谈她的困惑、她的学习以及她与中国图画书编辑们的努力。松居直先生及夫人聚神倾听，并鼓励说："中国有很多出色的画家，但中国缺少好的图画书编辑。"这次会面让蔡皋看到，有世界影响力的图画书研究者关于图画书创作规律的思考与自己的理解、追寻竟如此契合。她深受感动，备受鼓舞。

此后，在松居直先生的帮助下，蔡皋一边阅读福音馆寄来的图画书和《儿童之友》杂志，一边开始《我的图画书论》一书的编辑工作。《我的图画书论》是中国内地引进的第一本关于图画书的专业论著。经由此书，"图画书"的概念头一回以熟悉却又陌生的方式给中国图画书界拂进一缕清风。

原来，图画书不同于我们平时所称的"图画读物""图画故事""连环画""小人书"，同一般带插图的书也不相同。在图画书中，图画是主体，具有讲述故事的功能，它本身就承担着叙事抒情、表情达意的任务。而一般故事书中的插图只是使故事更形象直观的辅助手段。在书中，松居直清晰又全面地论述了他的图画书观：一是用两个清晰形象的公式辨析了图画书文图之间的关系，即"文＋画＝带插图的书、文×画＝图画书"，图画书具有"图文合奏"的艺术特性；二是透彻明晰了图画书在儿童语言发展上的作用，他认为，"图画书不是孩子读的书，而是由大人读给孩子听的书"，反对"将图画书当成识字课本"；三是革新了图画书与抚育观念，他认为，"图画书是孩子的童年玩伴，是亲子之间情感沟通的桥梁"。

这些观点，冲撞着蔡皋的内心。她写道："我看到一种荒芜，看到关于历史的、文化的、观念的种种差距，看到自己的无知。"也深刻认识到：我们最大的问题就是观念要改变。大人在上、儿童在下，大人要教育儿童。这种观念和姿态不改变，中国图画书难有大的突破与发展。

事实上，蔡皋一路走来，所获得的成就有目共睹，如参与编辑的《中国民族节日风俗故事画库》获首届（1980—1990）中国优秀美术图画书奖铜牌奖，《黑眼睛丛书》获第九届中国图书奖、中宣部"五个一工程"第四届"入选作品奖"，原创作品《荒园狐精》（后改名为《宝儿》）于1993年获得第14届布拉迪斯拉发国际儿童图书展"金苹果"奖，蔡皋成为获此殊荣的第一位中国画家。随着学习的深入，她开始系统研究史提凡·查吾尔、赫姆·海恩、巴贝·柯尔、五味太郎、贝妮黛·华兹、艾瑞克·卡尔、安野光雅、约瑟夫·魏尔康等图画书名家的作品与创作思想。她把这些思考一一记在笔记本上，一点一点融入自己的编辑实践当中。其作品也获得了越来越多的肯定。

此时埋头吸纳、学习的蔡皋，尚不知她与松居直先生的真正合作才刚开启。1996年8月，松居直先生应湖南少年儿童出版社社长张天明先生之邀来到湖南看桃花源，蔡皋陪同前往。甫抵桃花源，他就被眼前景致深深吸引。据当时同行的唐亚明老师回忆，当地"果然有一座山，只有一个山洞，从洞里穿进去，里面群山环绕，有九户人家，自称秦代后人"。松居直先生见此甚为惊异，说："《桃花源记》可以做成一本图画书。"身边的蔡皋脱口而出："我来画。"松居直先生很高兴，立刻说："我写文字，你来画，唐亚明翻译。"事情就这么定了下来。

武陵归来，松居直先生在日本写，蔡皋在中国画，长达五年的深度合作由此展开。在此过程中，有人曾劝松居直把书的编辑交给另外的人做，但他执意让蔡皋做。在他眼里，蔡皋不仅是好画家，还是难得的好编辑。

蔡皋的编辑能力，在与松居直先生合作《桃花源的故事》的过程中可见一斑。合作之初，松居直把陶渊明的原作分成几个分镜头后便交由蔡皋自由创作。每个分镜头，蔡皋的画都获得了松居直先生的认可，只是渔人出桃花源后的一幅画，他认为应该画个人尾随渔夫，这个人知道了渔夫要带人返回，所以桃花源才消失，渔夫"不复得路"。松居直的理由是，不这么改，小朋友们可能很难理解为什么桃花源再也找不到。可蔡皋觉得渔人出来后，洞口出现的人影，表明对渔人的不信任。为此，她最终做出的处理是，渔人从桃花源出来后，身后的桃花丛中，有人探出了半截身子。而在书中，蔡皋做出的最大改动是，她画了渔人带了些谷物和蔬果种子出来，以表达"他想要传播，要把桃花源的好的种子带回村里，要像桃花源里的人那样耕作"的思想。

蔡皋回顾这一改动时说："所有的文本必须有自己的处理，对文本的理解要带到现在。那个渔人，我不想把他塑造成一个不负责任、背信弃义的人。我是从好的一面去描绘，我肯定追寻的意义、他对美的事物的敏感度。我觉得这样的文本呈现出来的渔人的好奇心，对美好

蔡皋与松居直（左一）、唐亚明（中）讨论《桃花源的故事》画稿

的追寻、向往，是孩子们应该要有的，是我们每个普通人应该要有的。"

《桃花源的故事》的创作与编辑倾注了蔡皋五年的心血，融入了她的生命体验，也彰显了她对图画书的理解与追求。她说："要力透纸背真不是容易的事情，你要深入故事，深入不同的文本，然后你要表现一个独一无二的自己。这就要求要有消化能力、转化能力，还要有前瞻性。"她"困惑了好久，试了很多方法，撕掉了很多纸稿，最后走出了桃花阵"，最终成功赋予了这部作品极佳的品质和高贵的灵魂。这部作品深受读者喜爱。其中，两幅插画入选日本六年级语文课本，原画被日本东京木城绘本之乡美术馆收藏，成为中国图画书在 21 世纪初的骄傲。

凭着一部部作品，蔡皋的脚步越走越坚定，路越走越远。日本著名绘本画家和歌山静子评价她的画"本身就具有力量"，她的图画书"确实是下过大功夫的"。图画书推广人王林评价她："蔡皋老师在中国图画书发展历史上是一个标志性的，或者说里程碑式的人物。"

编辑如同作者，皆"以作品立身"。谈到里程碑式的人物与作品，就不得不谈到蔡皋设计编辑的《登登在哪里》一书。

该书的文字作者是马怡女士，其丈夫是"中国无腿登顶珠峰第一人"夏伯渝。1984 年，他们的孩子出生后取名"登平"，小名"登登"。马怡这次创作，最初是写给登登的一首诗。儿童文学家季颖读到，立即推荐给蔡皋。蔡皋很喜欢这首有趣好读又美丽辽阔的回文诗，并想把它做成图画书。她说："世界很大，个人很小。地球只有一个，太阳只有一个，你我都是那种唯一。懂得人与人、人与世界的关系和位置，应当是很有趣又很有价值的功课，这种功课要从小做起。"

这样的好材料，要做成图画书并不容易。因为它题材单纯、语言朴素，没有很强的故事情节，如果做不好，很可能像一本科普教材。"如

《桃花源的故事》书影及内文

何能吸引孩子，形象地表达出诗歌里层层递进的空间概念，让孩子不断有发现的惊喜呢？孩子们的提问，浅一点，可以看成对空间、地理位置的追问；深一点，可以看成对生命本身的追问。图画如何来回应这种提问？作为自然的人，作为社会的人，作为文化的人，怎样才可以和谐地体现在'登登'身上呢？"

蔡皋说："孩子的感受是打开的，他们的智慧不能被低估。因而儿童读物0.01%的差错都不能有。"好的图画书是一件艺术品，是一件给予孩童由衷的喜悦和带给孩子最高美感的艺术品。

她慎而又慎，反复琢磨。为这本书物色合适的画家，她组稿多次，皆无所获。很多优秀画家都认为这篇诗歌不适合做成图画书。蔡皋不想就此放弃，决定自己来设计，并邀女儿翱子为这本书画插图。母女二人花了很长时间讨论可行方案。一天，蔡皋回想起有次在国际书展上看见几个小孩子坐在地上，翻看着一本巨大的图画书，顿时灵光一闪："如果有一本大大的书，大得可以让小孩子趴在地上，在铺展开的'大'书里自己去寻找、去发现自己想要的东西，岂不有趣？为何不就在这本书里试一试呢？"《登登在哪里》的设计创意，就这么诞生了。用一整张纸来表现城市地图的构想，也慢慢形成。

蔡皋痴迷于这种富有魅力的挑战。两人一起画了很多次草图，不断尝试用不同的折叠与打开方式，探讨画面在折叠过程中的衔接问题。同步进行的，还有大量的图片收集与整理工作。20世纪90年代，电脑尚未普及，搜集资料远不如今天方便。蔡皋只得请北京的朋友帮忙，根据草图拟定的地点和方位拍了很多张北京的照片。

这本书，翱子足足画了两个月。因难度过大，其间几度落泪。谈及成书过程，蔡皋不禁感慨："谁来画？谁都不想画，难画！试想，宇宙星空、太阳系、地球、国家、城市与街道……照片会有一大堆，资料收

《登登在哪里》书影

集也会一大堆。想想那种衔接和麻烦，我只能找翱子帮忙，'深度合作'也只能做如是选择，好在有'举贤不避亲'一说壮胆。彼时翱子就读于中央美院，她的功底扎实，感觉很好，又休着暑假，有时间画。就这样，翱子就一脚踏进了图画书创作。"

1997年春夏之交，《登登在哪里》出版了，成为中国有史以来第一本地板书，也是我国原创图画书发展史上一部具有里程碑意义的作品。可当时图画书市场气候未成，加之互联网技术尚未普及，该书并未被很多人知晓。沉寂十余年后，直到2008年，国内图画书阅读推广开始勃兴，这颗"失落的珍珠"终被发现。湖南少年儿童出版社的旧藏销售一空，一版再版，发出耀眼的光芒。而此时的蔡皋已于2001年从湖南少年儿童出版社退休，潜心投入她的个人创作。

"是珍珠就要发光。"这是儿童阅读推广人艾斯苔尔在发现《登登在哪里》时发出的赞美，也是蔡皋20年编辑生涯里，倾尽全力、孜孜以求编辑图画书精品的重要原因。

蔡皋说："我有兴趣要做的图画书是一种超越年龄界限的东西。读过它的孩子长大以后仍能想起它，偶尔寻来一读，惊喜地发现了孩提时代没有读出来的一些东西，获得重新阅读的愉悦，这书便是成功。"

超越年龄的界限，跨越地域的局限，耐得住历史的淬炼，经得起时间的检验，这是蔡皋对所编辑图画书的期许与追求。而支撑起这些的是一位编辑坚定的儿童本位立场、扎实的编辑功底、独到的艺术眼光与卓越的创造能力。

艺术有高度，才能打动人。而艺术之上，是人的温度。

蔡皋与她的作品，皆如珍珠，交相辉映。

我本民间："最好的作品给童年"

蔡皋通过创作不断追问民间、传统，不断追寻美。

她希望自己的书像小船，划啊划，被小孩子们看到。

引导他们慢慢探幽抉微，像追寻桃花源那样，与图画书一起成长。

蔡皋一直记得当年在出版社工作时，几任社长都鼓励她要做"专家型编辑"。一个好的编辑应该努力成为一个行业的专家。后来，她研究图画书，创作图画书，真正成为一名专家型编辑。成长如斯不仅因为她想做一名好编辑，还因为对艺术的热爱。于是，她拿起画笔不停地画，想给中国乃至世界的孩子们创作更多好的作品。图画书是蔡皋的第四个"桃花源"。

蔡皋问过自己一个问题：我的作品是什么？

经过思考，她找到了答案——它像一泓清水，不大不小刚好照见自己的天光和云影，照见自己的生命。同时，她把自己对人生的理解、对美与良善的追求和向往也通过作品传达给孩子，这既是审美的启蒙，也是人生的启蒙。她希望孩子们能够成长为独立思考、明辨是非、心怀美善的人。

许多人曾经劝蔡皋，让她多把时间用于画大画，说不做一个艺术家，去做图画书纯属浪费。"图画书多小众啊，多小孩啊，很多人不屑嘞。"但蔡皋对图画书丝毫没有怠慢之心，一直谨慎执着。"我就觉得最好的东西要给童年，一个人童年时期得到的东西好，他一辈子都能得到一种力量。"

蔡皋说，孩子的智慧不能被低估。不要着急给孩子灌输概念，不要依赖文字，要让他们用眼睛观察世界，去自然中感受，在艺术中浸润，这样自然而然就有了审美。他们眼光独特，像湖水一样澄明，洞察万物的真相。她觉得孩子有这种本事，一眼可以看清喜欢的人、不喜欢的人。所以，她的图画书是以一种无声的形式在传递信息和情感，不是直白地跟孩子说出来，而是让他们自己去发现，每一次翻看，或许都会有新东西。

自编自画的《美丽的小花园》是蔡皋的第一部作品。由这本书开始，她正式走上了图画书创作道路，陆续出版了《海的女儿》《干将莫邪》《螺女》《李尔王》《青凤》……她的作品日渐成熟，呈现出自己的风格。梳理蔡皋的图画书创作脉络，可以发现，其作品中大致包含这样几个理念：

一是以强烈的民间性，致敬中国传统。

"我的人生和艺术受益于传统的地方是极多的，对我来说，传统是内化在血液里的东西。我的绘画作品给人的感觉首先是形式上的强烈民间性。"蔡皋说。

中国传统民间故事是蔡皋的作品中数量最多的一种类型。如《晒龙袍的六月六》和唐代"六月六，晒红绿"的传统习俗有关，《宝儿》改编自《聊斋志异》中的《贾儿》，《花木兰》改编自北朝民歌《木兰辞》，《百鸟羽衣》讲述了一个流传久远的苗族传说……蔡皋希望将中国民间文化中的精髓传递给读者，她用图画说故事，将故事的内涵以明亮的色彩、朴拙的线条、厚重的笔触、晕染的技法、精巧的细节等呈现出来，使人感受到大俗与大雅之中的深刻与温暖。

《晒龙袍的六月六》是蔡皋第一本具有明确个人风格的书。这本书讲述了一个历史不太提及，但在民间被珍藏的故事。一位英雄报仇失败了，其直接原因是没有把握好时机，但最根本的原因却是他的仁爱：不忍父老乡亲遭受苦难，在官兵以无辜百姓相要挟时，他交出了自己。这个民间故事体现的精神，深深地打动了蔡皋，她开始创作更多体现中国民间文化精髓的作品。

蔡皋喜欢《聊斋志异》，通读过原著两次。她说："我从中读出了'民间'，因为一切民间艺术形式的艳丽、丰富、变形、夸张、神秘、幽深……在里面都有对应物。"她根据其中的故事《贾儿》创作了《荒园狐精》（后改名为《宝儿》），讲述了一个孩子为了保护妈妈勇战狐精的故事。书的腰封上写着："世上最无私无畏的，不是母爱，而是孩子的爱。"蔡皋说："这孩子多勇敢啊，保卫了家庭，所以我想画他。"

蔡皋深知孩子们对色彩的敏感和喜好，善于用油画、水粉颜料等西方绘画媒介来体现出中国民间文化的质感。她认为，民间大红大绿、大黄大紫呈现出的是一种大俗，但这种大俗走向极致，即一种大雅。

蔡皋在创作《宝儿》时选择的颜色明显受民间色彩的影响。她大面积地使用了黑色、大红、翠绿。用这些色彩，是有来由的。黑色连接的是"神秘幽深的聊斋世界"，"宝儿是黑色里逼出来的明艳，我用民间的大红和翠绿，来赞美一个小孩，赞美他的勇敢、奔放"。蔡皋告诉我们，红与黑的呼应，则象征着正义与邪气的抗衡。另外，宝儿的眼睛随着情节的起伏，有时是黑色，有时是蓝色。眼睛色彩的变换是一种澄明的洞察，能够令妖精现出原形。蔡皋说，这是赤子之心的体现，也是天真无邪的力量。

"我没有一刻刻意要'民间'，但民间总是自然而然在我的作品里流露。这和我的人生经历、我的艺术道路都有关系吧。从这个意义上说，我本民间。"蔡皋特别喜欢民间，她把她对民间生活、民间精神的理解都放在了画里。《桃花源的故事》有三个跨页描绘了渔人在洞内复行数十步最后豁然开朗的过程。从十里盛开的桃花林到深褐色不见光

蔡皋部分作品书影

的洞内，蔡皋认为这是一条必经之路。"渔人遇到一个'初极狭，才通人'的洞，没有因为害怕而放弃探索。进入真理，中间必然要走一段窄路。""只有接近黑暗，才能获得光明。"蔡皋说。还有《三个和尚》，她将三个和尚没水喝的结局改编为三个和尚共同解决问题的和谐结局。这一小小改动，反映出蔡皋对于社会中人与人之间关系的理解，她想传递一种温厚、坚实、有爱的力量。

"民间的草根精神，自足而自在的生活态度，深深地打动我。民间艺术家不祈求也不依赖来自外部的力量的艺术态度，给了我很深刻的印象。对自己的创造力的自信、对自己国家传统文化的自信、对自己艺术判断能力的自信，是一个艺术家最宝贵的财富。这，大约是民间对我最珍贵的馈赠吧！"于是，蔡皋坚持在作品中以强烈的民间性，致敬民间，致敬传统。

二是以微妙的细节，传递生活的质感。

"作品要有一种质感，这个质感就是生活，必须有真实的生活，不是思考得来的，是活过来的。"蔡皋觉得，如果没有真实的生命体验，作品就没有温度。

蔡皋画《宝儿》有一个原因，就是比较熟悉孩子。她与孩子有缘分不仅仅因为她曾经是一位乡村教师，是一位图画书编辑，或是一位女性。她说，她更多的是想报答孩子。她之所以成为今天的样子——多少还保有一份从繁复中陶冶出来的单纯和真诚，是因为一直与孩子们结伴同行。

她画《月亮粑粑》《月亮走，我也走》，是因为外婆的童谣。"月亮走，我也走，我跟月亮提花篓""月亮粑粑，肚里坐个嗲嗲"……童谣是童年，也是一条回乡的路。人不能没有童年和故乡的记忆。蔡皋说："没有乡音是悲哀的，找不到回家的路。讲童谣的时候不要忘记我们的家乡，这就是我做童谣的初衷，一是安慰我的乡愁，另外也安慰我的童年。"

她的作品中有很多生活的细节。比如，《桃花源的故事》中，渔人刚进桃花源时遇到一位老人。老人站在桥上，水流旁边有一个小小的茅亭。蔡皋回忆说，她当时去学校上课，会经过一个地方，那里就有一个茅亭，亭中有一个木桶，里面装着茶水，供路人喝。农民真的特别善于为过路的人着想。所以，她就把茅亭画了进去。

而渔人离开时，桃花源的人送给他的礼物竟然是种子、衣服和一只拨浪鼓。这，就是蔡皋的生活气。"我都是平常的、鸡毛蒜皮的东西养出来的。"是日常琐事、生命体验涵养出蔡皋丰富的情感，我们才得以从她的作品中看到如此生动、温情的生活细节。

蔡皋喜欢在她的画里藏一些不易察觉的心思，她说小时候外婆讲故事，就是从针针线线里扯出来的。因此，她会在画中巧妙安排线索，让读者可以循着线索逐步进入故事，在起承转合之间用心思考。蔡皋笑着说，每个细节好像都在喊："瞧瞧我！瞧瞧我！"故事的味道就从细节里出来了。

在《桃花源的故事》里，渔人"忽逢桃花林"的那个场景是特别美的。水墨氤氲中点缀着烂漫的粉彩，不画水却似处处有水的留白处理，真正是"芳草鲜美，落英缤纷"。蔡皋告诉我们，为了呈现桃花林的弥漫之美，受古版画的启发，她没有选择毛笔，而是用小号的刀一笔笔画出桃树的叶子，再描绘出深浅不一的桃花花瓣。

色彩，也被蔡皋运用得极为绝妙。《青凤》是蒲松龄笔下难得的温情故事。耿去病是读书人，性格却豪放、侠义。青凤是狐仙，却端庄有礼，有情有义。最后，耿去病与狐仙一家"和和美美地一起过着日子"。这个故事有一种朴素的人生哲学和人情之美，蔡皋便通篇使用了暖色调，这也是她的人生底色。

蔡皋画《花木兰》，画家园日常之美，也画壮怀激荡之美、女性超越之美。她想要与内容相谐的，接近泥土、接近山河的色调，于是大量使用了灰绿、灰红、灰蓝、灰黄等颜色，希望"让花木兰珠玉般高贵的品质在凝重与厚朴的色调中放出光明"。

正是因为这些微妙的细节，蔡皋的作品总能给人带来惊喜和感动。她说艺术的魅力就体现于"微妙"之中。文学评论家金圣叹曾讲过三种微妙：一是天上云絮的痕迹，二是野鸭羽毛的纹理，三是向上飘动的袅袅烟气。这些微妙背后是生命的大气象。

蔡皋说，创作是"由心而发"的，技法只是表情达意的工具。她希望读者看到这些细节后面将说未说的深意，能够生发自己的思考和领悟。于是，我们读蔡皋，总能读到与天地、生活相连接的自然和素朴，读到她的人生态度。

三是讲好中国故事，让世界了解中国。

"湖南有福了。"这是著名画家黄永玉在看到蔡皋的《晒龙袍的六月六》时发出的赞叹。1989年，黄永玉回到长沙，画家郑小娟和姜坤前去看望时，带上了这本书。黄永玉是土家族人，他看到这本书感觉分外亲切，因为讲述的就是土家族英雄覃垕的故事。他很喜欢这本书，大笔一挥为之题词，在扉页上写下："画得真好！湖南有福了。"

这鼓励令蔡皋特别感动。后来她创作出《宝儿》，送去给黄永玉看，黄先生把女儿黑妮和儿子黑蛮叫出来，说："快点来看蔡皋的画！"这次见面，黄永玉给蔡皋看他最新的作品，还提出要帮她办画展，要买她的画。蔡皋谦逊，不肯办展览，黄永玉说："既然你不肯在香港办展览，我要在万荷塘给你办一场沙龙，我要让更多外面的人知道我们有这样的好画家。"

当时有人说黄永玉提出买蔡皋的画，为她办展览，这些都可以为她的画定价。然而，蔡皋没有再去万荷塘，她把谢意默默放在内心深处。甚至，在黄永玉回到长沙办展览时，她只是远远看着，没有上前去打招呼。

蔡皋没想到自己的作品能得到如此评价，但越来越多的人看到了她的作品，喜欢她的作品。她的作品不仅深受中国读者喜爱，也进入了国际视野。早在1993年，蔡皋就获得国际美术插图领域的最高奖项"金苹果"奖。她和松居直先生合作的《桃花源的故事》被节选入日本小学语文教材。

讲好中国故事，让世界了解中国，这只是开始。2004年，蔡皋应邀为《中国、日本、韩国民间故事集》中的中国故事绘制插图，该书以中文、日文、韩文三种文字版本同时出版。蔡皋逐渐在国际上打响知名度，深受国外孩子们的喜欢。2014年，她创作的《花木兰》获首届陈伯吹国际儿童文学奖"年度图书（绘本）奖"。2022年，蔡皋获第34届陈伯吹国际儿童文学奖"特别贡献奖"。

"我画画从来没考虑过获奖或定价。我只是喜欢，你们如果相信纯粹的话，就会相信我，我真的只是很纯粹地喜欢。"蔡皋说她特别喜欢"纯粹"两个字，经受岁月的磨砺之后，她依旧简单天真。而看过她的画的人，不论是在中国，还是在世界其他地方，虽然具有一定的文化差异性，但几乎都会被其单纯明净感动。作家何立伟评价蔡皋的画："看她的画如同看一脉流泉，受到洗濯，人也立时回到童真，机心全无。"

70岁时，蔡皋做了两场展览。"啊，布籽的季节"以大画为主，"月亮粑粑"以插画原作为主。大画，指单幅绘画作品；插画，是较小尺寸的、有故事情节的图画书作品。除了尺寸概念，这也是现在绘画的两种"流通"概念。大画，往往是经过市场在买卖、定价；插画，则是通过图书

2008年，蔡皋在画展现场

《火城——一九三八》插图

在传播。由此也形成两种非常不同的"价格"。相比画大画可能赚到的钱,画插画能获得的只有微薄的稿酬收入。可是,蔡皋依然喜欢画插画。其实,画插画也很需要时间,《花木兰》就画了三年多,《桃花源的故事》从1996年画到2000年。但蔡皋依然在坚持,因为她喜欢图画书,并感恩因此接触了以松居直为代表的一大批优秀的国际插画作者,他们都是纯粹的人,是不受市场影响的一群人。

回顾自己的图画书创作历程,蔡皋还特别感念为中日儿童文学交流付出大量心力的师友们:季颖、唐亚明、鸟越信、中由美子、石田稔……20世纪曾是战争的世纪,进入21世纪,大家期待迎接和平的世纪。然而2003年伊拉克战争爆发了,童书作家和画家们为此十分伤心。日本4名图画书作家田岛征三、和歌山静子、滨田桂子、田畑精一发起了"祈愿和平:中韩日三国共创绘本"项目,12名作家、画家精选角度表述自己对和平的祈愿,蒲蒲兰绘本馆的编辑中西文纪子在这个项目中负责穿针引线。蔡皋和翱子共同创作了《火城——一九三八》,以真实的战争背景、具象的艺术手法,描绘了长沙文夕大火惊心动魄的历史现场。

文化不应该有壁垒。蔡皋喜欢画中国故事,她希望以这种方式将中华文化的魅力传递下去,传播出去。其实,我们国家从不缺优秀的画手,也不缺优秀的故事,真正缺的是能够沉下心来创作,用画笔讲好中国故事的人。

国际儿童读物联盟(IBBY)原主席张明舟曾如此评价:"蔡皋先生一部部朴拙、真挚、风格独特的绘本大作,不断给各国读者带来惊喜和感动,也不断吸引他们对中国文化和中国人的审美世界产生浓厚的兴趣。讲好中国故事,让世界了解中国,蔡皋先生一定是最好的范例之一。"

事实上,蔡皋不仅画民间题材,也画"百子纳福""花与人""时间"等系列。她喜欢天空的朗月与星辰，地上的草木与孩童，她把喜欢的这些都放在了自己的画里。

有人问蔡皋："画传统、民间文化，你最拿手，《宝儿》《花木兰》这样的作品已经是天花板，为什么不继续画下去，把这块做得丰满呢？"蔡皋回答说，这是一种选择，她非常喜欢这一块，但人生有不一样的考虑。之所以多面，既做这样，也做那样，是因为她只是想用她的生活印证她的观念。"我不求标准答案，我自己给自己提要求、有考题，我要寻求各种回答。""我方方面面的想法汇集成一个话题：生命。"

在图画书这个"桃花源"里，蔡皋在其中安放生命中难以忘却的事物和情感，不断追问民间、传统，不断追寻美，以及对庸常生活的超越。她想把这些都送给孩子们。"童年是最美的时光，人生的第一个念头、见到的第一种颜色、听到的第一支童谣都在其中。我要把最好的东西送给童年。"

宝藏奶奶："把一地鸡毛，变成一地锦绣"

静观时你会发现生命万物都是自得，都处于安宁的状态。

生活好像是雨天撑出一把伞，生活真是一万个值得。

屋顶花园，是蔡皋晚年为自己营造的"桃花源"。

"快看，快看，花瓣雨！"

蔡皋立在餐厅小窗边，呼唤着客厅里的我们。她头发灰白，穿一件纯棉衬衣，把薄毛衣打个结系在颈间。双手松松地插在衣兜里，微探着头，白皙又红润的脸上，笑容快要溢出来了。

微风拂过，玫红色月季花瓣从屋顶花园纷纷扬扬飘落下来。退休后，蔡皋一直住在湖南美术出版社院子里一栋公寓的顶楼，她把屋顶改造成了花园。喧嚣都市的林立高楼中，她一点一点地搬运与培育，营造出这样一处生机盎然的"桃花源"。

蔡皋曾经在演讲上介绍自己的屋顶花园，说楼上的"朋友""居民"特别多，都是随缘来的，不假安排，数不过来。来了什么、逮着什么，她就会种。从最普通的种起，自自然然地形成一个生态环境。

"我看见过癞蛤蟆在楼上谈恋爱，我说不好意思，我不是要看你们的，你们自己挡在我的路上了。我看到小昆虫在谈恋爱，小昆虫谈恋爱比较好看。小鸟谈恋爱更有趣，它在我楼上直接做了一个窝，太相信我了。但是因为我的好奇心，我挪动了它的窝，它就走了，它再也不在那里做窝了。我的好奇心有时候是干扰了别人，那不行，我以后就不做这傻事了。"

蔡皋近照

蔡皋的屋顶花园

我们去采访时，前夜下过雨，楼顶空气格外清新，花草的叶子上还挂着水珠。整个楼顶被划成好几块，种了上百种植物。有刚刚冒头的豆苗、绿油油的小葱，有兰花、水仙花、牵牛花、栀子花，还有已盛开但叫不出名的花。

蔡皋关照花草，也关照自己的生活。"我每天早上6点之前就爬起来。干吗？上楼接太阳，太晚了就够不到它了。"她的头发简单拢在脑后，笑声爽朗，眼神清澈、纯真，"接了太阳，一天的事就有了光。浇水、除虫、施肥、扫地之后，将新摘下来的蔬果包起来，下楼做早餐。"

蔡皋每天在花园看到变化，感受到大自然时时刻刻的教育：生命的美好、顽强与脆弱。这样的观察与体验，加重了敬畏与悲悯，再拿起笔画画，笔下更有温度。她还用文字记录下花草的生命状态：爬墙虎花籽炸裂成鼓点，石榴裂出了红宝石，紫藤花喜欢朗朗春天……它们在用不同的方式讲述自己的故事。"在它们面前，我能做的是尽可能在我的作品里传达出它们的语言。"蔡皋说。

蔡皋从40岁开始，几乎每天都在笔记本上或画或记，珍藏这些点滴。随手涂鸦，信笔所至，让它们呈现出本来的样子。她说，笔记本里面很多念念叨叨，看上去好像是"鸡毛"，但形成了一种韵律，不断地复调、和音，用很多的和声来和它，一个字发一种声音，那么万千字都来和它。

2019年，这些记录集结为一本书《一蔸雨水一蔸禾》正式出版。蔡皋很喜欢外婆对她说的这句话，她在同花草打交道时总会想起来。"一蔸雨水一蔸禾，每个人头顶上都有一块天，都会有雨水的滋润。人心对好的东西总会有感觉，作品不会着急，我也不会着急。好东西是不怕寂寞的。"

书出版后，蔡皋仍在坚持记录，她说这是一种抚慰。"我不忙着给谁看，自己求自己的圆满。我喜欢生命的流动感，不喜欢给自己添堵，问题解决了,我顺顺畅畅,好像疏通了经络一样。这些笔记,这些图画,就是我做的梳理工作,我给自己梳小辫。"

我们最近一次到访,是 2023 年 4 月的一天。上午大约 10 点,蔡皋在屋顶花园拿起画笔,开始创作。画架上,躺着一朵小粉花。她从路边拾来,看着可爱,就将它描进画里。画纸上,两个小人儿,骑着花茎,像有了魔法,正欹欹起飞。

画完后回到家中,她给我们看一本笔记本,里面有各种树根的素描或写意。原来目前她正围绕"根"这一主题收集素材,开展全新创作。她说:"心如植物,皆向阳而生。无论人还是植物,生长的力量都来源于根。"

她又拿起另外一本,"啪啪"拍了两下封面,告诉我们这是"一本微笑的书",随后她翻开第一页念出声来:"我用手拍打他的背,你是我的宝贝,我说;他用小手拍拍我的背回应我,你是我的宝贝。这个时候,我们俩都觉得非常之安稳。"页面上有二分之一的空白,另外二分之一则用寥寥几笔、简单几画勾勒出一幅小小的祖孙图,以小见大,读之深情,观之静心。

这样的笔记本有很多,蔡皋美其名曰"这是我向小孙子学习,和他合作的作品",孩子成长数年间点滴的天真皆被记于其中。"他每天都有新东西给我!不仅是我家的孩子,所有孩子都是一样的,他们就是我的老师。"

蔡皋是真正将生活和艺术融为一体的人。她的画源自生活,她也把生活放在了画里。丰子恺有句话一直影响着她,那就是"只要你是艺术的、审美的,只要你在审美状态,此刻就算你不画一笔画,你也是艺术家"。蔡皋喜欢这样的艺术家,她觉得没有比生活更重要的艺术。

"生活赐予我们太多太多,我们要接住啊!拜托,要接住上天赐给你的每一滴雨水、每一次遇见，读书、读人、读生活，全都是读我们的遇见。"蔡皋对生活充满感恩。她有一个暖色童年，外婆和父母给了她健康明亮的成长环境，一师的课堂和藏书让她如沐春风，太湖小学的六年使她得以亲近乡土、亲近儿童，出版社的编辑工作经历则让她与图画书结下一辈子的缘分。

不仅如此，还有一个人也是蔡皋生活中的一抹清亮，那就是她的先生萧沛苍。

萧沛苍是一位油画家，曾任湖南美术出版社社长。蔡皋从一师毕业后在株洲县文化馆工作期间，萧沛苍有一次和她同时作画，被她对色彩的敏感所吸引，而她亦认可他的学识。两人自此相识、相知，苦乐相伴，开始共同创作"余生"这件艺术品。

几年前，我们欣赏过萧沛苍的油画展"萧色幽微"，感受到他对于油彩色相与色调的敏感度。画面上的每一方岩石、每一泓流泉、每一折波纹，都有自然的出处，却又无不出自画家的内心世界。他画的是风景，更是超越风景之后的山水流泉之境，从画作中可见先生精神底蕴的深刻、深邃。

蔡皋和先生萧沛苍相濡以沫，沉浸于日常烟火，一起写生，一起创作出传递美的作品。日常行止是最好的榜样，女儿翱子、儿子睿子都感受到父母一直在努力做创造性的工作。而创造性的根源是一个心灵问题，当人遵从心灵召唤生活的时候，人生自然而然就成为创造性的，也才能无悔地度过。耳濡目染之下，一双儿女也都选择了艺术创作和设计作为职业方向，并且都取得了不俗业绩。

蔡皋觉得，自己的状态、孩子的状态，源自传承，源自对生活的感恩。生活，自然也有风雨和晦暗。这个时候，她会想起外婆和父母。他们对朴素日常的爱，让她总是有力量从困顿中走出来。"生

2023年，本文执笔人访谈蔡皋现场

2023年，本书全媒体项目组与蔡皋合影

活有时候是一地鸡毛，真的很烦。有时候还像石头那样硬，像钢筋水泥墙那样堵。但是不要抱怨它，你要学会调整，学会改变，一地鸡毛也可以变成一地锦绣。"蔡皋笑着说。

所以，她喜欢"动人春色不须多"，这句诗出自王安石的《咏石榴花》，说的是春色，也是人生。人生能把少数事情做到极致，已经足够。她喜欢李白笔下的月光，"明月直入，无心可猜"。她和我们提起这句诗时，忍不住赞叹："哎呀，我最喜欢李白了，全都是大白话，但又才高八斗。他有次看到门帘在动，以为是谁来了，一看，是月光泻进了他的房间。这个画面特别美。明月它有心吗？没有，月光无心，风没有心，他还在猜谁来了。碰到这样的意境，谁的心还不被过滤一遍？无猜是最高的境界，两小无猜，没有机心。"

蔡皋和她喜欢的月光一样，没有机心。她一辈子都在怀念人生最初的暖色调，她喜欢那时的素朴和天然。在她心里，最高的境界是完全自然。随着年岁渐长，她不断地通过作品告诉人们，我们得有本事把不好的东西过滤掉，把它们变为土壤，化成养料，沉到下面去。无论遇到什么情况，不要悲观或是妥协，因为"生活好像是雨天撑出一把伞，生活真是一万个值得"。

如今，蔡皋被人称为"宝藏奶奶"。无论是在工作的时候，还是退休之后，她都很清楚自己想要做什么。跟寻常老人一样，她也会买菜、做饭、带孙子。但她每日还会来到屋顶花园，那是她晚年为自己营造的"桃花源"，这里寄托了她对童年、对自然的情感，也安放了她对艺术、对生活的热爱。

蔡皋真正读懂了桃花源，也找到了通往桃花源的路径。"只有精神来引领你，你才能找到你的桃花源。"

蔡皋说，她还有很多事情在做、想做。

她接受了一些媒体的采访。纪录片《但是还有书籍》有一集专门谈"绘本中的奇妙世界"。"蜜蜂来了，香味来了，花来了，文字也来了"，她至今还是喜欢用朴素的语言描述生活，用画笔守护心中的桃花源。前段时间，知名访谈节目《十三邀》也采访了蔡皋。77岁的蔡皋，面孔依然明亮鲜活，那是一种充盈着童真与童趣才会展现出来的状态。她在节目中谈教育，说："施教的最高境界是不教而教。就是说，你在做他在跟，在日常生活中就交付清楚了。生活的智慧都在里面。几千年来的文明就是这样流动的。"

她受邀给老师和孩子开讲座。她没谈绘画技巧，而是谈童年生活给她带来的影响，谈她为什么要做图画书创作以及图画书能给孩子带来什么。现场来了许多边远地区的乡村教师，她说自己曾经也是一名乡村教师，如果能把这么好的图画书带给孩子们，该多好呀！她希望老师们能给孩子们一个引导："读书的目的，是让我们成为自己想要的样子。"

在长沙青园小学，蔡皋给孩子们讲故事。她说："你们要说真正想说的话，写真正想写的文字，画真正想画的内容。"结束时，她在他们的手上画上一只只小兔子，她依然天真，孩子们转身离开时的笑脸，亦深深感染着在场的每一个人。

蔡皋说，她想画大画了。"有大量的具象，抽象才有意义。我想留点时间画大画，画生活的质地。"至于画什么主题，蔡皋说她不知道，她画画不喜欢太理性、太有计划。她想听从内心的召唤，"就好像面对一块空地，我种，它长，会长成什么样子，我充满期待"。

蔡皋告诉我们，她还在写一本书。"童年带给了我什么？""我还可以变成别的样子吗？"童年是蔡皋创作的灵感源泉，更是她的精神来路。她想以文字的方式记录童年，深度认识、挖掘童年。"这本书叫《铅笔写童年》。"蔡皋说,"我确实是用铅笔在纸上写。用这个书名,还因为回忆是淡淡的灰色,回望童年,其实隔着一层纱帘,会有距离。这个书名便有了几种味道,童年的味道、稚拙的味道、时间的味道。"

蔡皋对生活和艺术的热爱是从小开始一点点堆砌起来的。因为心中有热爱,她在不同的人生阶段拥有了一个个"桃花源"。桃花源也代表着一种理想和浪漫。蔡皋的一生,怀抱理想,充满诗意。不论现实如何,她的眼中总有一股清澈。

就像作家毛姆说的,一个人能够观察落叶、鲜花,从细微处欣赏一切,那生活就不能把他怎么样。

蔡皋将她的生命体验都放在了图画书的创作和编辑中。她以一支画笔,勾勒中国民间传统文化的幽脉;以艺术家的眼睛,定格日常生活中的温情和美好。流光如水,蔡皋仍然每天坚持阅读、坚持记录、坚持创作。"在孩子们的心间点一盏灯,让他们循着光亮前行,追寻人生的光明,感受并传递桃花源的美。"